अभिव्यक्ति

AF758571

Evincepub Publishing

Evincepub Publishing
Parijat Extension, Bilaspur, Chhattisgarh 495001
First Published by Evincepub Publishing 2021

ISBN: 978-93-89482-47-8

अभिव्यक्ति

(भाग - 3)

लेखक
विजय कल्याणी तिवारी

निवेदन

प्रिय पाठकों!

“अभिव्यक्ति”(भाग ३)आदरणीय श्री विजय तिवारी जी की कविताओं का अनमोल संग्रह है।

बाजारवाद के भयावह और वीभत्स दौर में "कविता की आत्मा" को घर फूँक मस्ती के साथ बचा पाने की अदम्य कामना मनुष्य के ज़िदा होने का सबूत हुआ करती है।यद्यपि ऐसे लोगों की संख्या कम होती है तथापि ये ही मशाल बनकर समाज को दशा और दिशा का बोध कराते हुए "तमसो मा ज्योतिर्गमय" के आदर्श को अक्षुण्ण बनाए रखते हैं।

श्री तिवारी जी की अटल मान्यता है कि "मनुष्य होना कवि होने की प्रथम और अंतिम शर्त है, और यही उसकी सार्थकता भी है। वे कहते हैं-

"बस एक निवेदन है तुमसे,
तुम हो मनुष्य, अभिमान करो!”

कवि के भीतर के मनुष्य और मनुष्य के भीतर के कवि अपनी सार्थकता का व्रत लेकर इतना विकसित हुआ है जहाँ वह व्यष्टि में समष्टि का अनुभव कर लेता है। उसे अपनी पीड़ा और संसार की पीड़ा एक लगती हैं, फलतः जीवन और जगत् के बहुआयामी परिदृश्यों के प्रति सचेतन और दायित्वपूर्ण प्रतिक्रियाएँ स्वभावतः कविता में सर्वत्र स्पंदित हो उठी हैं।

संग्रह की सभी कविताएँ देश काल परिवेश के सम्यक् संदर्भों में मानवीय और सामाजिक अंतर्संबंधों के परीक्षण, सुधार

और विकास के महत् लक्ष्यों को लक्ष्य करके लिखी हैं।अतःपीड़ा, विकलता, व्यंग्य, सहानुभूति, आक्रोश, आह्वान इत्यादि मानवीय भावनाओं का कुशल सर्जनात्मक प्रयोग हुआ है।

द्दष्टव्य:-

सॉँस्कृतिक पतन, स्मृति विहीनता और पाश्चात्य प्रवंचना से सतर्क करने वाली पंक्तियाँ-

"अपनी संस्कृति में रचो-बसो।
पश्चिम का यूँ न गुण-गान करो।"

सत्ता और समाज के ठेकेदारों को बेनकाब करती हुईं व्यंग्योक्तियाँ देखिए-

मुद्दों में गंभीर गिरावट,
तुम कहते, तुम सम्हल गए!

आदर्शों का क्रिया कर्म तर्पण कर डाले,
कुछ लोगों ने इतिहासों के लेखक पाले।

आँख मूँद अनुमान लगाते, क्या होगा परिणाम।
धन्य-धन्य धृतराष्ट्र तुम्हें, है करबद्ध प्रणाम!

न्याय की कसक-

सदाचार अभियुक्त हो गया,
यही कथा है आज की।
अब चिंता किसे समाज की?

अनेक विसंगतियों, विडंबनाओं और विद्रूपताओं की चुनौतियों के बावजूद कवि की जयंती वाणी आह्वान करती है-

सामर्थ्य तेरा सबसे ऊपर,
चाहे वह कैसी घटना है।

कवि की भाषा और भाव का सामंजस्य अपूर्व है। सीधी-सादी भाषा की शक्ति और ऐश्वर्य अनुभव यहाँ सहज ही हो सकता है।

प्रिय पाठकों भूमिका की भूमिका स्वतः कृति होती है। शास्त्रीयता से अनभिज्ञ होने पर भी मैंने जो कुछ निवेदन किया वह एक कृति को मेरा अभिनंदन था।

मुझे विश्वास है कि प्रस्तुत कविता-संग्रह पाठकों का आत्मीय बनेगा।

आदरणीय श्री विजय भैया को इस कविता संग्रह के लोकार्पण पर ससाधुवाद हार्दिक नमन् और पाठकों को हार्दिक बधाई।

शुभकामनाओं के साथ
आपका
रेखराम साहू

अपनी बात

आदरणीय मित्रों,

यह किताब मेरे सृजन यात्रा का चौथा सोपान है।इसे आप सभी को समर्पित करते हुए मैं आनंदित हूं । वह इसलिए कि सृजन दुनियादारी से दूर यथार्थ के धरातल पर टिका रहा, भरोसा है आने वाले समय मे भी टिका रहेगा। इस संकलन मे भिन्न भिन्न आयाम के रचनाओं से आपका साक्षात्कार होगा ।

मेरे सृजन के पथ के प्रेरणा और सहयोगियों को बिना कृतज्ञता व्यक्त किए किताब की सार्थकता पर प्रश्न खड़ा करेगा । सबसे पहले यह प्रश्न मै ही खड़ा करूंगा, अत:उनके प्रति कृतज्ञता प्रगट कर मै उससे मुक्त होना चाहता हूँ।

स्व. पं. द्वारिका प्रसाद तिवारी, विप्र, जो मेरे धर्म पिता थे (ससुर) जिनके अल्प सानिध्य मे मेरे हृदय मे काव्य सृजन का अंकुरण हुआ, उन्हें नमन करते हुए, अपनी कृतज्ञता अर्पित करता हूं।

मेरे अग्रज पं. गिरधर शर्मा जी के चरणों मे शीश झुकाता हूं। भाई हरबंश शुक्ल, नितेश पाटकर, भैय्या बुधराम यादव, सनत तिवारी, भरत वेद, डा. सुनीता मिश्र, उषा दीदी और समस्त साहित्य साधकों को उनके स्नेह भाव और संबल प्रदान करने हेतु नमन करता हूं।

अनुज रेख राम के उल्लेख के बिना सब अधूरा रहेगा, उन्होंने मेरे एक आग्रह पर इस किताब की भूमिका लिखी। मेरे प्रत्येक रचना पर अपनी अमोघ टिप्पणी देते रहे । मैं उनका ऋणी हूं, ऋणी रहूंगा।

मेरे परिवार जनों के सहयोग सहभाग के बिना यह यात्रा सुख दायक है, मैं धर्म पत्नी कल्याणी तिवारी जी, पुत्री आकांक्षा पाण्डेय, जमाता भूपेंद्र पाण्डेय जी, पुत्र आषीश तिवारी, पुत्रवधू उजली तिवारी का विशेष आभार मानता हूं।

बात समाप्त होने को है, पर कुछ महत्व पूर्ण बातों के साथ, मेरे नातिन मनन, कृषिका नाती नमन ने प्रत्येक पग पर मेरा साथ निभाया, मेरी रचना के प्रथम पाठक भी यही रहे, बहुत छोटे हैं फिर भी धन्यवाद।

मेरी पोती अनुज्ञा (टिया) जब मेरे गीतों को स्वर देती है, क्या कहूं, उसे शब्दों मे बांधना संभव नही है। ईश्वर उसे ऐसी ही नैसर्गिक संपन्नता से आभूषित करे।

स्नेहाकांक्षी
विजय कल्याणी तिवारी
डी **15**, ग्रीन गार्डन कालोनी,
मुंगेली रोड,बिलासपुर छ. ग.।

अनुक्रमणिका

नभ पर सूरज

जागो कि भोर हुआ प्रियतम
नभ पर सूरज मुस्काता है
मैं तो अपने पथ नियमित हूं
तू क्यों भटकाव बढ़ाता है ।

नियमितता टूटे मान गया
शेष सभी सम्मान गया
ठोंक पीट कर निर्णय कर
ज्ञात हुआ अनुमान गया ।

निर्णय जीवन का अहम अंश
अगला पिछला निर्धारण मे
आतुर लगते अनभिज्ञ रहे
सहते रहे कष्ट अकारण मे ।

सदियों की सीख भुला बैठा
पश्चिम की ओर निहार रहे
दिन को सोना रातें जगना
पशुवत कर व्यवहार रहे ।

तुम पशु नही पशुतुल्य नही
ईश्वर की उत्तम रचना हो
सामर्थ्य तेरा सबसे उपर
चाहे वह कैसी घटना हो ।

बस एक निवेदन है तुमसे
तुम हो मनुष्य अभिमान करो
अपनी संस्कृति मे रचो बसो
पश्चिम का यूं न गान करो ।

लकीर

कुछ लकीर उसने गढ़ दी
कुछ लकीर अपनी गढ़ लो
फिर चाहे उत्तुंग शिखर पर
जब मन चाहे तुम चढ़ लो ।

पीढ़ी का गुंण ज्ञान सखा
नित याद रहे
दाता के दर दिन प्रतिदिन
फरियाद रहे ।

पथ मनुष्यता का भूले से
कभी न छूटे
प्रभु से नेह अबाध रहे
कभी न टूटे ।

यहां प्रतिपग होने वाली
कठिन परीक्षा है
चल गांठ बांध गुरु मातपिता
की शिक्षा है ।

उत्तम चरित्र जीवन मे प्रतिक्षण
काम आते हैं
सब साथ छोड़ दें पर ये साथ
निभा जाते हैं ।

जो दोगे वह ही पाओगे
रीत यही है
अंतह चक्षु देख सुरसरि
यहीं बही है ।

नए भारत की रचना

रोते रोते अश्रु आंख से सूख गया
चिपक गई अंतड़ियां पेट से भूख गया
पर बदलाव बड़ा ही निष्ठुर जस का तस है
बहुत कठिन हालात आदमी बेबस है ।

नित्य प्रति संघर्ष हड्डियां टूट रहे
धर्म और धीरज के बंधन छूट रहे
धीरे धीरे मन प्रवृति वह बदल रहा
ठोकर बहुत लगी अब वह सम्हल रहा ।

अब दुख नही हृदय मे दहके अंगारे
शक्ति संजो कर लड़ने आतुर बेचारे
युद्ध भयावह होगा जीत सुनिश्चित है
शेष अभी है समय ,करो प्रायश्चित है ।

ठीक नही संघर्ष टाल सकते तो टालो
संघर्षों से अलग थलग कोई राह निकालो
संघर्षों से मिला नही ,कुछ खोना ही है
बाल अबाल वृद्ध अबला को रोना ही है ।

सुनो मान लो सबका हक हो बटवारे मे
भटक गए जो अंधकार मे, लाओ उजियारे मे
अन्न वसन छत सबके हिस्से मे आ जाए
भारत भू पर राम राज्य का ध्वज लहराए ।

चालाकी से हुआ विखंडित जन गण मन तक
मित्र यही स्थितियां ले जाती हैं रण तक
इसीलिए कहता हूं, रण भेरी से बचना
आओ सब मिल करें नये भारत की रचना ।

मन और मर्यादा

मन मर्यादाएं भूल रहा
फांसी का फंदा झूल रहा
कदम कदम पर ठोकर है
क्यों प्रसन्न सब खोकर है ।

मन संकट का कारक है
मन ही सहज निवारक है
संतुलन नही तो भटकेगा
पकड़ा नही ठीक तो छटकेगा ।

मन षड़यंत्रों का मूल सखा
मन को रख्खो अनुकूल सखा
मन बस मे जीवन सरल हुआ
स्वछंद तो जीवन गरल हुआ ।

मन से सब साधन सध जाएं
ज्यादा उछले तो बध जाए
मन कभी छांव है धूप कहीं
मन सुंदर रुप कुरुप कहीं ।

सब योग प्रयोग जुड़ा मन से
दुख सांझ ढले जन जीवन से
मन भीषण अगन सुपोषक है
मन परम शक्ति का द्योतक है ।

मन साफ सुघर घर आंगन है
मन ध्रुव तारा सा जीवन है
मन सभी समस्याओं का हल है
मन परम पुनीत गंगाजल है ।

मन को बांधो मन को साधो
वहां चीर चिरंतन ईश्वर है
अंतह चक्षु से देख जरा
मन स्थापित जगदीश्वर है ।

बेटी

बेटी जिस घर मे नही
उसका क्या उत्थान
सत्य कहूं कुल की केवल
बेटी है पहचान ।

बेटी बिन भव सागर से
कैसे उतरे पार
जो जाए उस लोक तो
बंद मोक्ष के द्वार ।

मन का कीड़ा काट रहा
बेटा बेटी भेद
सर उंचा कर चल रहे
नही जरा भी खेद ।

उचित और आनुचित सतत
जीवन के दो राह
अनुचित का अनुशरण कर
हिस्से आती आह ।

उचित राह चल कर सखा
उत्तम युक्ति प्रबंध
स्नेह मयी जीवन जीता है
बेहतर सब संबंध ।

बेटा या बेटी दोनो ही
सृष्टि के हैं अंश
मानवीय त्रुटियों के चलते
खतरे मे मनु वंश ।

अब भी वक्त बचा हुआ
सम्हलो सुधरो मित्र
जो नहि सुधरे शीघ्र तो
कुल काला हो चित्र ।

मनुष्य स्वभाव

बढ़ते साधन संपदा
बदला मनुज स्वभाव
निज इच्छा की मौज से
मन का हुआ जुड़ाव ।

परिवारों का टूटना
इसी सोच का अंग
गिरगिट हो गया आदमी
बदले पल पल रंग ।

धर्म कर्म रख ताक पर
विचरे नित्य नि:शंक
निज कर्मों के पुण्य से
कटते इक इक अंक ।

विस्थापित कर स्नेह को
कटुता का ऊर वास
दया दान का त्याग हुआ
बसा हृदय उपहास ।

मातु पिता के सीख का
नही शेष स्थान
नम्र भाव मरने को आतुर
चढ़ा बुद्धि अभिमान ।

जितना बढ़ता है आदमी
छोटी होती सोच
अपने ही नाखून बढ़ा कर
अपना चेहरा नोच ।

इतना तुम बदलो नही
मिटे न मन का घाव
केवल मुक्ति दिला पाएंगे
मातु पिता हरि पांव ।

जो मुक्ति के स्रोत सखा
उनका निर्वासन
नृप धरणी के धूल पड़े
निज हेतु सिंहासन ।

सुनहरा दौर

सुनहरा दौर जीवन का
इसे खोना नही तुम
मन का बोझ भारी है
उसे ढोना नही तुम ।

सुना, प्रत्येक व्यक्ति को
अवसर हाथ आता है
कोई नयनों को मूंदे है
कोई पहचान पाता है ।

जो पहचान पाया है
उसे हासिल ही होना है
नयन मूंदे हुए सज्जन को
डगर मे अश्रु बोना है ।

प्रकृति की रीत है अद्भुद
जो इसके साथ चलता है
सतत संघर्ष करता है
कुंदन सा दमकता है ।

प्रभु पर आस्था रखना
तभी कल्याण होना है
विमुख जो हो गया उनसे
तो जीवन भर ही रोना है ।

सहज है जिंदगी उसको
सहजता से ही जीना तुम
यूं पत्थर सा पड़ा मत रह
सच मुच हो नगीना तुम ।

मन नहि राखो फांस

जब मन व्याकुल हो सखा
लेना गहरी सांस
सड़न - जलन बाहर करो
मन नही राखो फांस ।

व्याकुल मन चिंता करे
चिंता चिता समान
अधिक समय तक हो नही
वह घर मे मेहमान ।

सड़न - जलन देते सदा
नियमित बुद्धि विकार
धीरज रख मन,कर सखा
यथा शीघ्र उपचार ।

आंख खुली रखना सतत
मन नही रखना गांठ
जो ऐसा होने लगा , सुन
बिगड़े तन का ठाठ ।

तन मन दोनों नित्य ही
रहे प्रभु अवलंब
मुक्ति मार्ग पर चल पड़ो
त्याज्य सदा हो दंभ ।

दंभ दया - करूणा हरे
मिटे मनुजता भाव
चलते चलते थक गया
कहीं नही ठहराव ।

सद् - विचार साधन बने
चल मन दीप जला
निज सत्कर्मों से सखा
होता अंत भला ।

श्रीमंत गये

धीरे - धीरे ढला आदमी
बन चंदा आकाश का
उदय अस्त का आलिंगन
है अद्भुद एहसास का ।

कुछ महिनों कुछ वर्षों मे
तुम कितना बदल गए
मुद्दों मे गंभीर गिरावट
तुम कहते तुम सम्हल गए ।

सदियां बीत गई उनको
निर्धारित पथ चलते
देखा किरणों मे परिवर्तन
कोटि वर्ष जलते ?

नियमित पथ मत छोड़ सखा
लक्ष्य अगर पाना है
खुद ही समझ नही पाए जाने
किसको समझाना है ।

निर्णय और अनिर्णय मित्रों
बड़ी समस्या है
जीवन को पटरी पर लाना
बड़ी तपस्या है ।

जो जीवन पटरी पर आए
सब संकट दूर हुए
जो शांति सहज सद्भाव बांटते
वे मशहूर हुए ।

जो ओढ़ जटिलता बैठ गए
उनके अस्तित्व अनंत गये
अपनी तो कहीं बिसात नही
यहां बड़े बड़े श्रीमंत गये ।

शोषण

जब बटवारा ही आनुचित हो
नहि अनुचित पर प्रायश्चित हो
जब उदर अन्न को ढूढ़ रहा
जन , हाथ पसारे मूढ़ रहा
तब कैसे , किस विधि पोषण होगा
निर्बल का ही शोषण होगा ।

संशाधन सारे सिमटे - सिमटे
सब पेट पीठ चिमटे - चिमटे
सत्ता - शासन की मद मस्ती
भोले - भालों की क्या हस्ती ?
उद्धघोषण ही उद्धघोषण होगा
निर्बल का शोषण होगा ।

चल झूठ - मूठ के वादे गढ़
संघर्ष खड़ा कर आगे बढ़
तू बाहुबली बन उदय हुआ
कभी न्याय - सत्य की पूंछ छुआ ?
पत्थर मे पौध रोपण होगा
बस निर्बल का शोषण होगा ?

सब कुछ शोषण मे बसा रचा
मुक्ति का , कोई युक्ति बचा
जन मन मृत प्राय अवस्था मे
कुछ अधिक सड़न है, व्यवस्था मे
क्या आशाओं का ,आरोहण होगा
बस निर्बल का , शोषण होगा ?

मनुष्य तन

जो मनुष्य तन मिल गया
जाग मुसाफिर जाग
निज हाथों निज जीवन मे
क्यों भरता है आग ।

कहते हैं दुर्लभ है यह तन
विषय वासना त्याग
मोह मुक्त मन,सत्य निष्ठ
प्रभु चरनन अनुराग।

सब कुछ है संज्ञान मे
भटके क्यों इंसान
उन चरणों को त्याग कर
हृदय भरे अभिमान ।

अभिमानी दुश्चक्र फंसा
कैसे निकले कंत
जो प्रयत्न कर नहि निकला
पछताए पुनि अंत ।

अब के पश्चाताप करे
नहि रह जाते अर्थ
अंत काल स्मरण हुआ
जीवन उसका व्यर्थ ।

इसीलिए कहते स्वजन
सीख सलाह समेट
सहज भाव से भक्ति कर
हरि से होगी भेंट ।

छूट गय ऋण जन्म का
फिर माया नहि मोह
करना है तो कर सखा
विषयों से विद्रोह ।

रावण मरा क्या

सब खुश, रावण का दाह हुआ
जन मानस भी, बेपरवाह हुआ
पर धीरे धीरे रक्त शिराओं मे
रावण का, रक्त प्रवाह हुआ ।

अति अल्प समय मे पुनः प्रिये
क्रूर दशानन प्रकट हो गया
पहले, थोड़ी दूरी पर था
अब कि वह थोड़ा निकट हो गया ।

इस बढ़ी निकटता के कारण
निशि दिवस गूंजता अट्टहास
उसने सीमा का विस्तार किया
हम क्या करते कोई प्रयास ?

बहु नये रुप मे सबल हुआ
हम सब रत खेल तमाशा मे
फिर कोई राम जनम लेगा
सदियां बीत गई इस आशा मे ।

रावण अब शक्ति प्रतीक बना
पर राम कहीं नही आ पाए
जड़ता मे पूरी , पीढ़ी है
इस उलझन को कैसे सुलझाएं ।

स्थितियों पर सहज समर्पण हो
या मुक्ति उपक्रम मे लग जाएं
यह संभव है प्रिय सुनो सुनो
प्रति मन मे राम जगा पाएं ।

खिड़की दरवाजे खोल

मैं सबको घर मे बोल रखा
खिड़की दरवाजे खोल रखा
परिपाटी वह अनमोल रखा
फिर तुमको क्यों संकोच सखा ।

सुन , अपना धर्म निभाता हूं
तुम्हे अपना धर्म निभाना है
मैं गीत नया लिख जाता हूं
तुम्हें , अपने स्वर मे गाना है ।

कोई बात नही कोई पढ़े नही
इतिहास नया कुछ गढ़े नही
पर स्वर मे वहीं प्रखरता हो
वह गीत शिरा मे बहता हो ।

स्वर गीत नही होते निष्फल
मन मत होने दो अधिक विकल
जीवन मे धीरज धारण कर
तर्कों को नही अकारण कर ।

खिड़की - दरवाजे खुले रहें
घर की संस्कृति समृद्ध रहे
पुरवा - पछुआ शीतल समीर
अपनी इच्छा निर्बाध बहे ।

इसको ही जीवन कहते हैं
हम पाप मुक्त जब रहते हैं
जब गुंण मनुष्य के आते हैं
तब, दरवाजे खुल जाते हैं ।

प्रभु का मन से गुण गान करो

कौन दिया सा जल पाता है
कौन समस्या हल पाता है
चिंताओं की , चिंता नही
पका हुआ कोई फल पाता है ।

जिसके भीतर दंभ नही है
उसका केवल अवलंब वहीं है
जो मन को बस मे रखता है
उसी वृक्ष का फल पकता है ।

जो फल बाँट सदा खुश पाए
सद्गगुण सम्मुख शीश झुकाए
अर्थ आचरण से जीवन का
बिन अभिव्यक्ति सकल समझाए ।

वे ही प्रभु के बहुत निकट हैं
अपितु स्थिति बहुत विकट है
क्यों नही सुनते क्या बहरे हो
सबल विपत्तियों की आहट है ।

समय हाथ से निकल गया तो
पश्चाताप मात्र रह जाए
जो भी सोचा , हुआ नही कुछ
क्षण मे सब सपने ढह जाए ।

ढहते ही सब बिखर गया प्रिय
नही कोई उपचार शेष है
आहट को परखो - पहचानो
छोड़ो जितने हैं, राग - द्वेष ।

सृष्टि सदा आनंद समाहित
सखा चलो रसपान करो
सहज पथिक बन इस जीवन मे
प्रभु का , मन से गुंण गान करो ।

रावण का दहन

बहुत खुश हुए दहन कर लिया रावण का
मन मे जागा भाव कि अत्याचार मिट गया
सीना चौड़ा करके अक्सर चलने वाला
रावण के वंशज के हाथों मुफ्त पिट गया ।

कौन राम के निकट कौन रावण का भाई
इन बातों की परख मे आई अब कठिनाई
पग पग पर यहां घात और प्रतिघात मिलेंगे
धवल वसन मे निशिचर बांटे रोज मिठाई ।

आम आदमी के जीवन ढह गई सादगी
आडम्बर मे , अब उसको रस आता है
परिभाषा उसने बदली जीवन जीने की
अब उसको बिंदास जिंदगी ही भाता है ।

फर्क नही उसको रावण के जीने मरने
अपना जीवन उपभोगों को सौंप दिया है
खूब कमाना संचय करना लक्ष्य है अंतिम
सुरा - सुंदरी , पाप कर्म का जहर पिया है ।

सीमाओं के बंधन भग्न होने को आतुर
धर्म और संस्कृति गये हैं पानी भरने
कितनी लंबी है कतार दुनिया वालों की
बात समझ मे पूरी आती सज्ज हैं मरने ।

संकट शमन करो

मन ललचाए धन पर
घर कर जाए मन पर
श्राप चढ़े जीवन पर
मत विष वमन करो
संकट शमन करो ।

धन पर आँख लगी है
मन पर मैल जमी है
श्रम पर कोई कमी है
आनुचित दमन करो
संकट शमन करो ।

नीयत डोल रहा है
अंतर मन बोल रहा है
मन का मोल रहा है
विषयों का हवन करो
संकट शमन करो ।

यह काया ही दुर्लभ है
तू क्यों इतना हतप्रभ है
जो चाहे सकल सुलभ है
अंतर मन नमन करो
संकट शमन करो ।

यह जग बड़ा अलौकिक
कुछ मर्यादाएं भौतिक
पतन पतित का नैतिक
मन गंगा जमन करो
संकट शमन करो ।

प्रखर पुरोधा

कानो से कुछ कम सुनता है
आंखों से कुछ कम दिखता है
कठिनाई बढ़ती चली गई
वह , रक्त बूंद से लिखता है ।

वह ढूढ़ रहा अस्तित्व सघन
अब भी गाता है जन गण मन
निष्ठा अटूट ,अरमान सूक्ष्म
संकट जीवन कुछ अधिक सघन ।

सब कुछ न्यौछावर करने को
बिना तर्क वह तत्पर है
कुछ भी खोने का रंज नही
ऐसा बिकट , कलेवर है ।

उसके जीवन से क्यों अनिष्ट
टलने का नाम नही लेता
वह उत्तम दर्शक दृष्यों का
शेष सभी हैं अभिनेता ।

उन अभिनय से सम्मोहन है
जिस कारण दर्शक फंसा हुआ
अभिनेता शीर्ष विराजित है
दर्शक दलदल मे धंसा हुआ ।

ऐसी जटिल व्यवस्था में
कोई अपनी जगह बना पाए
सच मानो पूरी दुनिया मे
वह प्रखर पुरोधा कहलाए ।

यह तिलस्म , कैसे टूटे
कब से कुटिल प्रतिक्षीत है
जो इस तिलस्म के निर्माता
वे अपने फन मे दीक्षित हैं ।

जीवन प्रबंधन

कुछ पगों ने तय किया , चलते रहेंगे
कुछ दियों ने तय किया , जलते रहेंगे
पथ जटिल या , आंधियों का संक्रमण हो
संघर्ष के साहस , हृदय पलते रहेंगे ।

परिणाम क्या होगा , परवाह क्यों हो
भटकाव से हो मुक्त , फिर आह क्यों हो
कर्म ही है यज्ञ को , आहूत करना
निर्लिप्त हो , फल की आखिर चाह क्यों हो ।

भय नही विपदा भयंकर , है तभी भी
हार मानेंगे नही , अब हम कभी भी
वज्र सा एहसास अब , मन मे जगा है
इस धरा का धूल , प्रिय तन पर लगा है ।

देख लो इतिहास मे क्या क्या लिखा है
है समर्पण युक्त , अपनी संस्कृति
जितना भी परिवर्तन , आया गया है
हम नही बदले , न बदली प्रकृति ।

बन दिया जलता है जो , प्रत्येक आंगन
स्वीकारता है सहज ही , प्रत्येक जीवन
उसकी जगह होती सुरक्षित है जहां मे
जो उचित करता है , जीवन का प्रबंधन ।

क्या लिख पाया

कुछ ज्ञात नही क्या लिख पाया
मन बात नही मैं लिख पाया
कुछ पाप नही मैं लिख पाया
पश्चाताप , नही मैं लिख पाया ।

क्या क्या लिख्खा कुछ याद नही
मेरे गीतों मे , फरियाद नही
मन बुद्धि , इतना क्रूर सखा
उसे रंच मात्र , अवसाद नही ।

इच्छा तो थी सच लिख पाता
संघर्षों के पथ , चल पाता
जिस पथ मे घना अंधेरा हो
उस पथ दीपक बन जल पाता ।

शायद मैं पथ से भटक गया
कुछ के नयनों मे खटक गया
एहसास हुआ , मन दुर्बल था
निज हित साधन मे लटक गया ।

यह कथा नही केवल मेरी
अंतर व्यथा नही केवल मेरी
कितने इस पथ के भेंट चढ़े
कुछ शव पर पग धर बहुत बढ़े ।

अब किससे क्या उम्मीद सखा
बुझने को आया है , दीप सखा
सब बहुत विकल हो ढूंढ़ रहे
गुम होते मोती - सीप सखा ।

खुश हो जाउं , किन बातों पर
मन भीग गया , बरसातों पर
शायद , सत् पथ पर चल पाउं
गीतों में पीड़ा , प्रिय लिख जाउं ।

हिसाब

छुप छुप कर खुश होने वालों
सरे आम दुख रोने वालों
किए पाप को धोने वालों
हर हिसाब होना है ,
चाहे जितना खेल करो
पास करो या फेल करो
मंदिर मस्जिद मेल करो
यह बोझ स्वयं ढोना है
हर हिसाब होना है ।

चैन नही है जहां गए
कितना भागा कहां गए
जहां न जाना वहां गए
हर जवाब होना है
प्रबल झूठ सच माना
कठिन बहुत बच पाना
सुन, आजीवन पछताना
भग्न ख्वाब होना है
हर हिसाब होना है ।

क्यों निर्धारित पथ छोड़ा
किस पथ से नाता जोड़ा
क्या शर्म नही है थोड़ा ?
जीवन खराब होना है ,
देखो कुछ लोग अभय हैं
अब भी प्रिय शेष समय है
घर वापस लौटो जय है
कांटो पर गुलाब होना है ।
मित्र , हर हिसाब होना है ।

जब भी जागी है तरुणाई

जाने क्यों लगता मरा हुआ
साहस था मन मे भरा हुआ
क्यों रहता मन डरा हुआ
अंतस अग्नि को धरा हुआ ।

फिर कैसे सिद्ध प्रयोजन हों
सब मरे हुए आयोजन हों
कठिनाई मे भव भोजन हों
सत्ता मे सब दुर्योधन हों ।

आसान कहां अब कुछ होगा
केवल वादों मे सब होगा
कब कैसा कहां अदब होगा
किसके पाले मे रब होगा ?

हाथों से सत्ता क्यों छूटे
जटिल व्यवस्था क्यों टूटे
प्राण जाय या दम घूटे
बस कोस रहे किस्मत फूटे ।

देता कहां सलाह कोई
ढूंढ़ो मिल जाए राह कोई
स्वीकार नही है आह कोई
चिंतित है कहीं निगाह कोई ।

रुकती नही उनकी अधमाई
निश्चित करनी है भरपाई
परिवर्तन कहां रुका भाई
जब भी जागी है तरुणाई ।

अंधकार छंट जाए

पूरी धरती है प्रभात मे
कुछ बन कर निशिचर घूम रहे
जाने क्या खाया और पिया
पग पग पर वह झूम रहे ।

किन बातों का अभिमान तुम्हें
किन बातों बुद्धि भ्रष्ट हुआ
क्या मनुष्य के स्नेह सुधा से
अंतर विष बाधा नष्ट हुआ ?

अगर नही तो निज जीवन मे
संकट का आमंत्रण है
मित्र समझ यह जीवन है
तुमने समझा जिसको रण है ।

अगर यहां कुछ युद्ध शेष है
वह कर्मों से संबंधित है
क्या छोड़ा क्या अपनाया
निज धर्मों से अनुबंधित है ।

क्यूं भटकाव बढ़ाता जाए
सहज सरल पथ चुन ले
जितने मे तन ढक जाए
तू ऐसी चादर बुन ले ।

संकट के बादल मित्रों
फिर क्यों जीवन मे छाए
निज कर्मों के पुण्य फलित हों
अंधकार छंट जाए ।

क्षणिक बुलबुला

जीवन क्या है क्षणिक बुलबुला
पानी का
काले मत कर पृष्ट
तू अपनी कहानी का ।

क्या सोचा गढ़ दिया प्रभु ने
तेरा अधम शरीर
तुझे चैन नही लिए हाथ मे
घूम रहा शमशीर ।

वृथा गर्व से नाश हो गया
हर आभिमानी का
जीवन क्या है
क्षणिक बुलबुला पानी का ।

जो घोषित लक्ष्यों से हटकर
जीवन जीते हैं
ईश्वर ने जो दिया अमिय तज
खुद विष पीते हैं ।

जिस पर बहुत भरोसा तुमको
अंत है उसी जवानी का
जीवन क्या है
क्षणिक बुलबुला पानी का ।

पता नही कब फूट गया
जाने कब बंधन टूट गया
बहुत विकल हो कहां चले
निज मन कितनी बार छले
मन बदले जब प्रति पल
अंत जान ले प्राणी का
जीवन क्या है
क्षणिक बुलबुला पानी का ।

दर्पण

यह कोई तमाशा नया नही
किस किस दरवाजे गया नही
होता शब्दों से बयां नही
अब शेष जरा भी हया नही ।

जहर बुझे थे शब्दों मे
मुस्कान कुटिल मुख दिखता था
मेरे जीवन का वृत चित्र
अपने हिसाब से लिखता था ।

स्नेह नही उपहास प्रखर
शूल चुभे प्रत्येक डगर
जो पीर मिला वह अजर अमर
काँप रहा हिय थर थर थर ।

यह दुनिया क्या ऐसी ही थी
जहाँ पीड़ा का व्यापार प्रमुख
दुनिया के साथ चले तो दुख
सांसो संग छीन लिए सब सुख ।

इस जग से नेह लगाना ही
पीड़ा की पहली सीढ़ी है
संत्रास सह रही सदा सदा
आती जाती हर पीढ़ी है ।

सुन मेरा नम्र निवेदन है
हरि चरणों मै सब अर्पण कर
श्पस्ट बिंब हो जाएंगे
मन दर्पण कर ,मन दर्पण कर ।

नियंत्रण

इच्छा बहुत बलवती बन कर
आसमान मे करें किलोले
उसमे इतनी उर्जा संचित है
सीधे मुंह वह बात न बोले ।

ऐसा लगता है दुनिया को
बस मे करने निकला है
इतना साहस जिसमें हो वह
कहां कभी प्रिय पिघला है ।

अच्छा और बुरा क्या है
इसकी परिभाषा भूल गये
जिसमें हित साधन होता हो
राह उसी अनुकूल गये ।

इतनी तेज गति से वह फिर
जमी आसमाँ नाप रहे
जिनकी दृष्टि लगी है उन पर
परिणामों से कांप रहे ।

सब कुछ सहज नियंत्रित हो
यह युक्ति सखा आसान नही
इतनी गति से विध्वंसों का
बहुत सरल अनुमान नही ।

सब कुछ स्वतः नियंत्रित हो
युक्ति जरूरी जीवन मे
पाने का दृढ़ संकल्प रहे
नहि बुरे भाव हो निज मन मे ।

रवि - रश्मि :

रवि रश्मि जब पड़ी धरा पर
हुई स्वर्ण बरसात
प्रकृति का कण कण जागा
बिदा हो गई रात ।

चलो भोर का स्वागत करने
जागे तन मन यार
हाथ जोड़ कर करें निवेदन
सुखी रहे संसार ।

स्वर्णिम किरणें सुनो प्रार्थना
बदलो ढंग स्वरूप
शीतल छाया प्रति मनुष्य को
मिले गुनगनी धूप ।

संसाधन का बटवारा सम हो
न्याय शीर्ष आसीन
क्षुधा, धरा से मुक्ति तलाशे
शांत सहज प्रतिदिन ।

हे दिनकर कुछ उर्जा बांटो
जग का हो कल्याण
उन पर दया निरंतर बरसे
जिनके संकट मे प्राण ।

लेख

अंतस इच्छा परवान चढ़ा
जीवन मे बहु संघर्ष बढ़ा
सच मानो मैं भी खूब लड़ा
सपने मत देखो अधिक बड़ा ।

सपने अपने बस मे हों
टूटे तो दुख कुछ कम हो
आँखें थोड़ी सी नम हो
फिर उठ बैठे यह दम हो ।

हर बार सफलता कहां मित्र
यह दुनिया है अद्भुद विचित्र
सीधा सादा जब वक्त मिला
बनते आड़े - टेढ़े से चित्र ।

कल क्या होगा अनुमान नही
उन सपनों का सम्मान नही
अब व्यर्थ रार तू ठान नही
तू है मनुष्य प्रतिमान नही ।

जब है मनुष्य तो चेतन हो
मुख से नम्र निवेदन हो
चाहे जब पढ़ ले खुला रहे
सत्कर्मों का प्रतिवेदन हो ।

है अंत सभी का एक सखा
जीवन जितना था नेक सखा
नित आगे पीछे देख सखा
सबका होता है लेख सखा ।

दीपों वाली दीवाली

इस पथ निज अस्तित्व मिटा दे
यह चरित्र क्या कुछ कम है
हर घर मे कर सके उजाला
सिर्फ़ दियों मे ही दम है ।

वह जलता है मिट जाता है
तनिक उसे अफसोस नही
इतना अद्भुत अदम्य होकर भी
मानव सा मदहोश नही
क्या तुम द्रवित हुए थोड़ा भी
क्या आँखें कुछ नम है
हर घर मे हो सके उजाला
सिर्फ़ दियों मे दम है ।

मिट कर भी जो हार न माने
व्यर्थ कभी भी रार न ठाने
अंतिम सांसों तक जलता है
इन दीपों मे जीवन पलता है
सोच आस्था उसका अक्क्षुण
शायद तुमको कुछ कुछ भ्रम है
हर घर मे हो सके उजाला
सिर्फ दियों मे दम है ।

प्रसन्नता

सुख अनुभूत प्रसन्नता
दुख हिय होत उदास
पतझर जाते ही जगे
तरुवर, बसंत की आस ।

कुछ भी स्थाई नही
जग परिवर्तन शील
दोनों को ऊर से लगा
सम भावों से मिल ।

सुख छांटा सब ले लिया
दुख के अनबन बोल
सम दृष्टि सम भाव ही
रखे जगत मे मोल ।

गढ़ चरित्र कुछ इस तरह
सब प्रभु लगे प्रसाद
माया से हो मुक्त मन
नही कोई हर्ष- विषाद ।

भाव हृदय जो बस गया
सुख दुख हरि का अंश
भाव भगति मन रम गया
टले सकल विध्वंस ।

दीप वहीं हम धरते

आज अंधेरे की शामत है
घर घर दीप जलेगा
अंधियारे मे कितना दम है
कितना और छलेगा ।

सुनो मित्र हम हैं मनुष्य
रहें मनुष्य से हरदम
नयनों के अश्रु बन जाए
सबसे मंहगे शबनम ।

सुख दुख का आलिंगन
सम भावों से करते
जहां अंधेरा दिखा कभी
दीप वहीं हम धरते ।

पग वंदन

मेरी आँखों ने वह देखा
जो द्रष्टव्य नही है
ऐसी बातें सुना निरंतर
जो बांते श्रव्य नही है ।

प्रतिक्रिया हीन मैं उदासीन
स्तबध रह गया
तेज हवाओं के झोंको मे
मैं सहज बह गया ।

जाने कब किस तरह हवा के
झोंको का आधिपत्य हो गया
उनसे अलग नही रह पाना
मेरे जीवन का सत्य हो गया ।

मेरा स्वतंत्र अस्तित्व मिट गया
दास बना अनचाहे ही
अब शेष हाथ पीड़ा केवल
खुरची खुरची आहें भी ।

इन आहों ने हृदय मध्य मे
अपना घर कर डाला
अमिय समझ कर पान करें
है यथार्थ जो हाला ।

मेरे हिस्से कुछ शेष नही
सब प्रभु पर मैंने छोड़ दिया
उसकी इच्छा वह जो चाहे
मैने राम नाम का अमिय पिया।

जब हृदय समाहित राम मेरे
क्यों प्रपँच के फेर पड़ूं
जो कुछ है मेरे पास सखा
उनके पग वंदन करुं जड़ूं ।

निशा अमावस की गई

निशा अमावस की गई
चाँद गगन चढ़ आया
देख- देख सौंदर्य धरा का
आनंदित मुसकाया ।

बिछि चाँदनी अम्बर मे
मनमोहक छवि छाप
अद्भुत इस सौंदर्य से
मिटे मन: संताप ।

सुख ही सुख अनुभूत हो
और नही कुछ भाव
हे दाता स्थायित्व बनाना
यह स्थिति ठहराव ।

लगता जैसे बदल गया
मन मनुष्य और सोच
स्वाभाविक से भर गये
तन के सभी खरोंच ।

धन्य धन्य विधना कृपा
बदले जन मन कृत्य
बस इतना ही मांग रहा
स्थाई हो दृष्य ।

दुख फिर से नही आ सके
रखना पांव दबाय
चाँद चाँदनी और चरा चर
ऐसे ही मुसकाय ।

आत्म- चिंतन

आत्म चिंतन चल रहा है
क्यों हृदय यह जल रहा है
आदमी के मन कुछ पल रहा है
सच कहूं , वह स्वयं को छल रहा है ।

संवेदना का भाव मानो , मर गया
पाप अभ्यागत हुआ , ठहर गया
पुण्य आतंकित हुआ , डर गया
बोल मीठे , पीर मन के हर गया ।

राह आनुचित जो चला , क्या मिला
साफ रख मन छोड़ दे , शिकवा गिला
मुक्ति देनी हो तो गंगा , जल पिला
आज चल प्रारंभ कर , इक सिलसिला ।

मन से पूर्वाग्रह की गांठे , खोल दे
स्पष्ट रख सोच को , सब बोल दे
जो प्रभु से पा लिया , चल मोल दे
आत्मा मे राम का रस , घोल दे ।

राम हीन हुआ बढ़ा , अधर्म है
राम जीवन और जीवन , मर्म है
राम से जुड़ गया तो , धर्म है
जिंदगी का पुण्य फल ,सत्कर्म है।

बहुत बुरी आजादी है

सारी उम्मीदें त्याग गया
जीवन रण से भाग गया
कैसे मानें वह जाग गया
भरपूर नींद का आदी है
उसकी तय बरबादी है।

वह दास हुआ सुविधाओं का
हत्या कर मन के भावों का
आनुचित इच्छा के दावों का
यह बहुत बुरी आजादी है
उसकी तय बरबादी है
भरपूर नींद का आदी है ।

निज को कैसे कोई छलता है
पीठ पर पग धर चलता है
क्या तेरा दिल नही जलता है
लंबी कतार फरियादी है
यह बहुत बुरी आजादी है
उसकी तय बरबादी है
भरपुर नींद का आदि है ।

हालात कभी तो बदलेंगे
जब हम जड़ता से निकलेंगे
उनके अंतर मन पिघलेंगे
बातें समझो बुनियादी है
लंबी कतार फरियादी है
यह बहुत बुरी आजादी है
उसकी तय बरबादी है
भरपूर नींद का आदी है ।

चश्मा

जैसा चश्मा चढ़ा आँख पर
सृष्टि उस अनुरूप दिखे
दोष अन्य को क्या देना जब
निज हाथों ही भाग्य लिखे ।

मित्र सही होता आँखों से
चश्मा ही हट जाता
मन के भीतर अंधकार जो
सहज शीघ्र कट जाता ।

परख बुरे अच्छे का करते
अपनी पूरी निष्ठा
अपने ही चरित्र बल पाते
मित्रों पूर्ण प्रतिष्ठा ।

अधिक नही कुछ चाह शेष
केवल मनुष्य बन जाते
ईश्वर के सृष्टि के प्रति सब
अपना धर्म निभाते ।

क्या विलंब फिर यह दुनिया
स्वर्ग सदृश बन पाए
अपने शब्द कोष मे प्रियवर
नर्क शब्द हट जाए ।

अभिव्यक्ति

सुनो आज दुनिया करिश्मे का कायल
यहीं सोच करता है भीतर से घायल
झुकाना गिराना मिटा दो जहन से
कि कानों को भाए खनकती जो पायल ।

कुछ रार से हाथ आया किसी को
कलुषता हृदय से लगाया किसी को
कलुषता अगन है तपिस है भयानक
जला तो कहां बस मे आया किसी के ।

जिसे मिल गया प्रीत का कोई किनारा
गुंणों को ग्रहण कर हृदय से उतारा
अमर हो गया वह जहां मे सदा ही
चमकने लगा बन गगन का सितारा ।

अमर हो गया वह चमकने लगा जो
किए पुण्य कर्मों दमकने लगा जो
जगह सत्पथ चल बनाया जिन्होंने
दिया सा अंधेरों मे जलने लगा जो ।

निर्लज्ज नयन

ये नयन बहुत निर्लज्ज निष्ठुर
सब देख देख आनंदित हों
अपनी मर्यादा को छोड़ चले
तब क्यों न वे अब दँडित हों ।

पर दंड उसे स्वीकार नही है
वह निज स्वतंत्रता का पोषक
पथ भ्रष्ट निरंकुश होकर वह
आज हुआ खुद ही शोषक ।

अपनी आजादी को उसने तो
अलग दृष्टि परिभाषा दी
जो जकड़े हैं जंजीरों से
उनके मन थोड़ी सी आशा दी ।

पर वह सीमाएं लांघ रहा
बातें स्वतंत्रता की करके
उल्टे सीधे हरकत करता
अनुचित पथ चलता जी भरके।

बुद्धि से तर्क कुछ अधिक हुआ
भावों का हुआ विसर्जन सा
सारी अच्छाई सिमटी सिमटी
लिप्साओं का अब नर्तन सा ।

जो बची खुची है लाज कहीं
उसको सम्हाल कर रख पाऊं
इज्ज़त मर्यादा बची रहे
मैं उस पथ पर चलता जाऊं ।

सच्चा अनुराग

मुक्त नही हो पाया मैं
अपनी अंतर इच्छाओं से
नही मिला छुटकारा
अंतर के कलुषित भावों से।

जो भाव निरंतर पीड़ा दे
उन भावों से मुक्ति ले लो
सुख दुख दोनों सम भाव रहे
ऐसी कोई युक्ति ले लो ।

युक्ति से जीना सरल सहज
समझो अंतर मन जाग गया
कलुषित भावों का असुर स्वयं
इस युक्ति से भाग गया ।

नही कोई विषमता रह पाए
नही कोई कलुषता डह पाए
जो सत पथ अक्सर छूट गया
उस सत पथ के पग गह पाए ।

एहसास पूर्णता का जागा
जो आनुचित को हिय ने त्यागा
प्रभु चरणों नित्य समर्पित हो
नही और कहीं अब मन लागा ।

चल मुक्ति का आनंद उठा
इसको कहते हैं जाग सखा
जो लोक हितों मे रचे बसे
वह है सच्चा अनुराग सखा ।

राख

घना अंधेरा है , चौक चौबारे पर,
कौन धरेगा दीप , आज चौराहे पर
जाने कैसे असमय , मर गया भाईचारा
सोचो नाव लगे तो कैसे , कठिन किनारा ।

जटिल हुए हालात , कौन हैं उसके पोषक
सही गलत का इल्म नही , बनते उद्धघोषक
जाने कब कैसे शीर्ष से गिरा आदमी
अपने कर्म वचन से कैसे फिरा आदमी ।

निज चरित्र के कारण पतित पतन हो जाता
बिना शर्म के आनुचित हथकण्डे अपनाता
इसी गिरावट से विभत्स है उसका जीवन
अहंकार को बिना हिचक ही गले लगाता ।

सच तो है सारे मनुष्य बदले बदले से
मन पर नही कोई बस मन मचले मचले से
उसका नियम निति बदलना बहुत सहज है
उसके हाथों अहंकार का काला ध्वज है।

कौन जानता है मनुष्य के परिवर्तन को
आजीवन अभिषाप ओढ़ते नर्तन को
लगी अगन यह सारा मंजर खाक करेगा
इष्यों का स्थायित्व सब कुछ राख करेगा ।

वाणी

वाणी संयम साध रख , सध जाए सब मूल ,
स्थितियाँ निश्चित सखा , बनी रहे अनुकूल ।

कलह करे वाणी कटु , विष बोवै निज देह
कलह कपट से मित्रता , निष्कासित प्रिय नेह ।

मान और अपमान पर , वाणी रखे प्रभुत्व
पाप करे निश्चिंत हो , रखना चाहे गुप्त ।

रिश्तों का बिखरन बढ़े , वाणी करे कलंक
कटु वाणी को जांच लो , शून्य मिलेंगे अंक ।

वाणी मे हो स्नेह तो , जीतोगे जग मित्र
मन बदलेगा साथ मे , बदले चलन चरित्र ।

मधु वाणी ऐसी दवा ,कटे सकल षडयँत्र
छोटे छोटे शब्द भी , बन जाते हैं मंत्र ।

जिसने मधु सेवन किया, हुआ प्रभु प्रिय दास,
आजीवन यह मधु सखा,मुक्त रखे संत्रास ।

जीवन के रंग

नींद बहुत गहरी थी
दरवाजा नही लगा पाया
जीवन के रंगों का
अंदाजा नही लगा पाया ।

वक्त खड़ा था इंतजार मे
मैं गंभीर नही था
आसपास सब भीरू थे
मैं भी तब वीर नही था ।

अपने लिए चटक रंगों की
थाल सजाना भाता था
बचे हुए रंगों से हिय ने
तोड़ लिया तब नाता था ।

रंगों की परिभाषा मैंने
निज बुद्धि से गढ़ ली
कुछ कांधों पर अपने पग
बेरहमी से मढ़ दी ।

इसी तरह आगे बढ़ने को
सहज गमन कहते हैं
ऐसे पग के नीचे दब कर
कितने तन ढहते हैं ।

मेरे जैसे लोग शीर्ष पर
पहुंच कुटिल मुस्काते हैं
अहंकार के वशीभूत हो
निज गौरव गाथा गाते हैं ।

प्रश्न बड़ा ,क्या यह दुनिया
अपना स्वरुप बदलेगी
जो आनुचित पथ के निर्माता
दंड उन्हें कुछ देगी ?

राजनीति

कौन सही है कौन गलत
यह कैसे तय हो
कपट झूठ का पुष्प हार
मक्कारी की जय हो ।

सबके वादे कसमें सबके
सब सेवक हैं मूल
प्रजा पेट मे चुभने लगते
बने लौह के शूल ।

नैतिक मूल्य धराशाई हैं
पाप पुण्य मन मुक्त
लक्ष्य प्राप्ति मे है प्रवीणता
साधन सभी प्रयुक्त ।

कौन गिरा कितना गिरा
बहुत कठिन पहचान
राजनिति नित हो रहे
सत्ता शर संधान ।

गांव गांव अब बना अखाड़ा
चंदन चाचा का बाड़ा
शोक मग्न है जनता सारी
निर्मम बजे नगाड़ा ।

जिस विधान की कसमें खाते
उसका ही उपहास
सत्ता तक जाने के पथ पर
कुत्सित कुटिल प्रयास ।

आहिस्ता आहिस्ता निज हाथों
जटिल व्यवस्था गढ़ कर
झूठ कर रहा प्रखर विखंडन
सच के सिर पर चढ़कर।

आदर्शों का क्रिया कर्म कर
तर्पण कर डाले
कुछ लोगों ने ईतिहासों के
लेखक तक पाले ।

कहां जा रहे पूछ के देखो
पता नही है
राजनिती के प्रखर पुरोधा
सचमुच तेरी खता नही है ।

ध्रुव तारा

बाबा दादा की पीढ़ी पर
जीवन की अंतिम सीढ़ी पर
समय उठा ले आता है
कोई अपनी इच्छा जाता है ।

कुछ इसको बोझ समझते हैं
कुछ आनन्द उठाते हैं
कुछ भय मे जीवन जीते हैं
कुछ भय से मर जाते हैं ।

कुछ इसको सहज क्रिया समझें
यह मान जीएं जीवन निडर
कुछ प्रभु पर सब कुछ अर्पण कर
हो गए चरण रज पर निर्भर ।

हर व्यक्ति गढ़े निज परिभाषा
अपनी सुविधा को आगे रख
जब इच्छा हो तो मुँह फेरे
जब इच्छा करता पूछ परख ।

प्रतिक्षण चलते चल चित्र यहां
नही कोई किसी का मित्र यहां
है प्रकृति रुप स्वरूप वहीं
केवल मनुष्य है , विचित्र यहां ।

प्रिय पतन पातकी भौतिक है
उसका उत्थान अलौकिक है
जब गिरा गिरा प्रत्येक प्रहर
चमका तो ध्रुव तारा बन कर ।

नेह गेह

नेह देह क्यों पग धरना था
दीन हीन दुख को हरना था
जो वर्जित है क्यों करना था
अनुचित करते ही डरना था
जो नही करना वही किया
निज हित साधन सदा जिया ?

शब्दों में कुछ हृदय अलग था
कपट पूर्ण तब तू पग - पग था
निज को ठगता ऐसा ठग था
अंधकार मे जिनका मग था

कभी उस पथ दीप दिया
जो नही करना वही किया
निज हित साधन सदा जिया
भूले हिसाब, अब क्या जनाब ?

दिन चढ़ आया , टूटे हैं ख्वाब
पलटो पन्ने , देखो तो हिसाब
अब पछतावा , कुछ है जनाब ?
निज निर्णय था , गरल पिया

जो नही करना वही किया
निज हित साधन सदा जिया ?
सखा तू निपट अंधेरा चुन बैठा
खुद फंसा जाल वह बुन बैठा

तेरे काठ के तन मे घुन बैठा
अंतर मन पर अवगुन बैठा
क्या घबराता है , कहो जिया ?
जो नही करना सदा किया
निज हित साधन सदा जिया ?

लक्ष्य

चलते चलते थका बहुत
पर चलना छोड़ नही सकता
मैं हाड़ मांस का आदमी
कैसे कह दूं कि नही थकता ।

जो कर्म पथिक बन चलते हैं
लक्ष्य साध कर रहते हैं
विपदाओं का भू मंडल पर
अन्याय सदा वे सहते हैं ।

पर चलना छोड़ नही सकता
चलते रहना है व्रत उसका
थक जाता है कुम्हलाता है
पर नही बदलता मत उसका ।

ऐसा व्यक्ति निज जीवन मे
कर्मवीर कहलाता है
अपन पीछे की पीढ़ी को
गढ़ने मे लग जाता है ।

सुन सखा लोग बिरले ऐसे
ईश्वर के हाथ गढ़े जाते
स्थितियों से वे कहां रुकें
लक्ष्यों की ओर बढ़े जाते ।

कारण और निवारण

दुख का कारण और निवारण ढूंढ़ो
दुख है तो उसका संधारण ढूंढ़ो
सुख दुख छोड़ो जग तारण ढूंढ़ो
यहां वहां क्यों अपने अंतस कारण ढूंढ़ो
देखो कोई राह कहीं मिल जाए शायद
मनः पुष्प मुरझाया वह खिल जाए शायद ।

ऊर अंतर लिप्सा भभक रहा
अवगुंण का उर्जा धधक रहा
संतप्त हुआ मन फफक रहा
मैं स्वयं नाश का जनक रहा
देखो प्रयत्न कर अच्छाई अब भाए शायद
मनः पुष्प मुरझाया वह खिल जाए शायद ।

कुछ ऐसे पथ का किया चयन
झर - झर झरते हैं सजल नयन
बंजर धरती और मुक्त गगन
निज हेतु गढ़ लिया कोप भवन
पूछो मन से वह सत पथ अपनाए शायद
मनः पुष्प मुरझाया वह खिल जाए शायद ।

जग दो दिन महज बसेरा मानो
जब जागा तभी सवेरा मानो
यहां वहां की खाक न छानो
बस पाप पुण्य अंतर पहचानो
पिछली त्रुटियां याद करे पछताए शायद
मनः पुष्प मुरझाया वह खिल जाए शायद ।

प्रेम प्रीत है धर्म

प्रेम प्रीत है धर्म लिखूंगा
अंतर मन का मर्म लिखूंगा
कुछ पुनीत सत्कर्म लिखूंगा
शेष , नयन मे शर्म लिखूंगा।

तुम जो चाहो समझो सोचो
मन के घाव अब नही खरोंचो
गिद्ध सदृश तन को मत नोचो
प्रति छाया हूं सतत् दिखूंगा
शेष नयन मे शर्म लिखूंगा।

जन्म लिया वह मरता ही है
घड़ा पाप का भरता ही है
संगति संत संवरता ही है
प्रभु चरणों के छोर टिकूंगा
शेष नयन मे शर्म लिखूंगा।

बात पते की और संदर्भित
उसका उसको करता अर्पित
जिसका जीवन उसे समर्पित
मूल्य हीन कभी नही मिलूंगा
शेष नयन मे शर्म लिखूंगा
कुछ पुनीत सत्कर्म लिखूंगा।

अर्पण

आँखों ने देखा परखा
तब मन ने स्वीकार किया
अनुचित उचित अलग करते
प्रभु तेरा आभार किया ।

कौन कहां क्या सोच रहा
मेरी चिंता का विषय नही
स्थितियों के परिवर्तन से
डरता मेरा हृदय नही है ।

बहुत भटकता रहा पूर्व ही
हर चौखट पर दस्तक दी
चैन मुझे तब ही आया जब
तेरे चरणों रख मस्तक दी।

चिंता चतुराई छोड़ दिया
केवल भक्ति का भाव बचा
वक्त बिताया जो पिछला
उसका थोड़ा घाव बचा ।

जो कुछ है मेरे हिय मे
तेरा और केवल तेरा है
तेरी छवि देखूं शाम ढले
पग वंदन नित्य सवेरा है ।

अब और शेष नही पास
जो है सहज समर्पण है
यह कायनात तेरी रचना
तेरा तुझको अर्पण है ।

कटे कोटि अपराध

आँखों आँखों रात कटी
नींद हुई बेचैन
थक कर इधर उधर ताकें
बोझिल बोझिल नैन ।

नैन बावरे हो रहे
क्यों बुझती नही प्यास
कठिन प्रतीक्षा की घड़ी
बांधे कैसे आस ।

आँख कान मुख मन सखा
आते क्यों नही साथ
कठिन परीक्षा देह की
लगता निपट अनाथ ।

सूख गया है भाव भरम से
हृदय हुआ पाषाण
गुंण अवगुंण की कांख मे
मांग रहे हैं त्राण ।

श्रवण बंद सुनता कहां
भक्ति भाव अनुराग
जाने अनजाने किया
दया धर्म का त्याग ।

फिर कैसे सुधरे दशा
किया कुटिल अनुबंध
भव सागर भय दे रहा
मन यातना प्रचँड ।

वृथा भटकना छोड़ कर
राम नाम मुख साध
कलियुग मे इस नाम से
कटे कोटि अपराध ।

अपने पथ जाता हूं

किस किस से उम्मीदें बांधूं
किससे नाता तोड़ूं
टूट टूट सब स्वप्न बिखरते
कैसे उनको जोड़ूं ।

पग पग पर प्रतिघात मिला
विषम वेदना भेंट
मरा हुआ मन लेकर करते
जीवन भर आखेट ।

किसका हृदय विदीर्ण हुआ
किसका संबल टूटा
किसको धीरज धारण होता
किसका धीरज छूटा ।

बहुत जटिल सब प्रश्न खड़े
ले उत्तर की आस
जीवन भर पतझर देखे हैं
क्या जाने मधुमास।

इस परिवर्तन की आंधी से
छिन्न भिन्न संबंध
कौन बचाए कौन निभाए
पुरखों के अनुबंध ।

सँस्कार शिक्षा , अवमूल्यन
कैसे कहां रुके
लिप्साओं के आलिंगन मे
किसका शीश झुके ।

पर मेरी पीड़ा का क्या
कैसे युक्ति मिले
आलिंगन के विष सेवन से
कैसे मुक्ति मिले ।

कितना तोड़ूं कितना जोड़ूं
भय भटकाव बहुत है
मेरे निज कर्मों के कारण
गहरे घाव बहुत हैं ।

फिर भी हार नही मानूंगा
प्रियवर लगा रहूंगा
जिनको सोना है वे सोएं
मैं तो जगा रहूंगा ।

स्वप्न देखना क्यों छोड़ूंगा
उससे ही उर्जा पाता हूं
तुम जिस पथ जाना हो जाओ
मैं तो अपने पथ जाता हूं ।

कर्म कोष

कर्म कोष जब रिक्त हुआ
विदा समूचा ज्ञान
हाथ बांध कर बैठ गया
प्रतिफल से अनजान।

भाग्य भरोसे कर्म के
दोऊ सह अस्तित्व
दोनो साथ चलें तभी
निखरे मन व्यक्तित्व।

निखर गया मन मुक्त हो
भ्रमण करे आकाश
सुख दुख सम संतुष्ट हो
ज्यों जीवन सन्यास ।

सत्य सुपथ का व्रत लिया
क्या पीड़ा क्या क्लेश
मित्र आचरण ठीक हुआ
छोड़ सीख उपदेश ।

बना रहे विश्वास अगर
चरणों पर तेरा
निश्चित रात्रि विदा होगी
आएगा शुभ्र सवेरा ।

ठगनी- माया

आँख मूंद कर चलते हैं जो
उनको ठोकर लगनी है
लोग सहज विस्मृत कर जाते
यह माया ही ठगनी है ।

नियमित भ्रम मे जीने वाले
कैसे सुख से रह सकते हैं
सद्भावों से मरे हुए मन
नयन नीर क्या बह सकते हैं ।

संकट का कारक तो खुद का
बदला हुआ स्वभाव है
गंगा पार सहज नही होना
छिद्र युक्त जब नाव है ।

आपा धापी ठीक नही है
पहले नाव सुधार
ईश चरण रख ध्यान निरंतर
सहज लगेगा पार ।

अविलँब हुआ पथभ्रष्ट सखा
मूरख हृदय न चेत
आँख खुली कुछ लाभ कहां
पड़े हुए जब खेत ।

खेत हुआ किस काम सखा
अंतिम है परिणाम
केवल एक प्रयास शेष सुधि
अंत नाम मुख राम ।

साथ सुख - दुख का

सुख ने जब चाहा साथ दिया
जब चाहा मुख मोड़ा
दुख क्षण प्रति क्षण साथ रहा
हाथ नही छोड़ा ।

मन मूरख सुख साधने
लगा रहा दिन रैन
मोती माणिक लुट गए
सूख गए दोऊ नैन ।

जतन शेष नही एक भी
सत्य असत्य गया भूल
फिर भी घटी नही मूढ़ता
कांटे चुभे बबूल ।

अंतर मन के चाह का
नही रहा कुछ मोल
सुख भृकुटी ताने खड़ा
कटु निकले मुख बोल ।

पर दुख आँसूं पोंछता
चला निरंतर संग
अति उदारता से सखा
दिखलाता सब रंग ।

अजब अनिर्णय मे फंसा
किसके जाऊं साथ
सुख बिन रहना सहज है
दुख बिन लगूं अनाथ ।

तुम जो चाहे साथ रखो
मैं दुख हृदय धरुं
सुत , सुख दूर रखो मुझसे
मैं दुख साथ मरुं ।

श्वेत कफ़न

मिट्टी पानी और हवा का
मोल कहां कुछ शेष बचा है
जिस मनुष्य का सारा जीवन
उन तत्वों मे बसा रचा है ।

उसके अवमूल्यन का दोषी
ओढ़ रखा इतना मदहोशी
क्या मनुष्य वह सुधरेगा
प्रश्नों पर केवल खामोशी ।

प्रश्न जनक हैं संघर्षों के
अनुभव कहते हैं वर्षों के
फिर भी प्रश्न अहम होते हैं
प्रश्न हुए तो हम होते हैं

प्रश्न जिवित रह सके जतन हो
लेकिन प्रश्नों मे जीवन हो
जो गिरफ्त मे संकट के हैं
प्रश्न सखा उनकी धड़कन हो ।

आहों को बल मिलना होगा
सत्ता सिंहासन हिलना होगा
दिनकर उर्जा बांट रहा है
सुप्त कमल दल खिलना होगा

स्थितियां जैसी है वैसी
नही रहे तो ही अच्छा है
जितना सहा बहुत है मित्रों
अब नही सहे तो ही अच्छा है ।

कौन शक्ति बदले मनुष्य को
यह बदलाव सहज हो पाए
अनुचित उचित अलग दिखते हों
ऐसी कोई सुबह आ जाए

मिटे गरीबी इस धरती से
और अन्याय दफन हो
पाप पांव के नीचे दबकर
ओढ़े वह श्वेत कफन हो ।

आकुल - व्याकुल

आकुल व्याकुल मन हुआ
अंतस हुआ अधीर
कुछ कर्मों सद्गति मिले
कुछ से मिलते पीर ।

सद्गति की संभावना
बिन सत्कर्म कहां
दीन हीन सत्कर्म सत्य निधि
मिलते पीर वहां ।

व्याकुलता बढ़ती गयी
निज मन पाप चढ़ा
समझ न आया क्या हुआ
तृष्णा बहुत बढ़ा ।

आकुलता है भोग की
विधि से नही परहेज
अंतकाल तय हो गया
प्रिय कांटों की सेज ।

जब कांटे चुभने लगे
हुआ दर्द का भान
जब तक भोग नही लेता
क्यों सुधरे इंसान ।

निज फितरत मजबूर है
प्रतिपल बदले रीत
जब फंसी हाड़ गल बीच
बाढ़ै हरि से प्रीत ।

मन - भ्रम

मन का भ्रम इक रोग है
बहुत कठिन उपचार
निज महिमा सर लाद कर
घूम सकल संसार ।

शील सहजता नष्ट हो
कृत्रिम जीवन भार
असल ठगे वह निज हृदय
भ्रमित करे घर बार ।

नष्ट सादगी होने को है
चमक दमक बलवान
कितनी हानि कब हुई
कहां कोई अनुमान।

कारण है निज पास ही
ढूढ़े यहां वहां
इसी फेर मे आकुल व्याकुल
भटके जहां तहां ।

सारे अवगुंण साथ रहे जब
कोऊ प्रसन्न रह पाय
धर्म कर्म कब का छूटा है
अब ईमान गंवाय ।

सद्धगुण बिन सद्गति कहां
रोना धोना अंत
भोग करम इस जन्म के
जा चरण लाग श्री मंत ।

अब गांवों में वो बात कहां

प्रेम प्रीत सौगात कहां
नेह स्नेह बरसात कहां
मूल्य और जज्बात कहां
अब गांवों में वो बात कहां ।

वह आम नीम पीपल महुआ
जिसने जीवन का मर्म छुआ
मिट्टी की हांडी का चांवल
चूल्हे से उठता हुआ धुंआ
पितु मात और कोई भ्रात कहां
अब गांवों में वो बात कहां ।

नदियां नाले पोखर सूखे
अंतर मन सब रुखे रुखे
कहने को पोषित उदर हुआ
पर हैं यथार्थ भूखे भूखे
समुदाय टूट बिखरे बिखरे
अब बस में हालात कहां
अब गांवों में वो बात कहां ।

चौपाल नही सजता अब तो
कोई याद नही करता रब को
अब कौन चले लेकर सब को
संगठन बंटा तुकड़ों तुकड़ों
सद्भाव शून्य , अब घात यहां
अब गांवों में वह बात कहां ।

सुन गांव गांव सा रह पाए
ऐसी कोई युक्ति समझ आए
भेद - भाव सब मिट जाए
सब के मन को सतपथ भाए
नहि खेलें शह और मात यहां
अब गांवों में वह बात कहां ।

अधोपतन

किससे करुं शिकायत किसकी
रपट कहां लिखवाऊं
क्षरित हुए विश्वास को लेकर
क्या फिर आस लगाऊं ।

वक्त बदल कर करवट आया
सब कुछ परिवर्तित सा
मूल्य तिरस्कृत हुए यकायक
फिर भी मन गर्वित सा ।

सदियों सदियों स्थापित धारा
लगता नास करीब है
कौन जतन प्रिय करें सुरक्षा
क्या कोई तरकीब है ।

घटा मान - सम्मान हृदय से
बदला भाव - स्वभाव
तज जुड़ाव का मूल मंत्र वे
ढूंढ़ रहे अलगाव ।

सीख - सलाहें रूढ़ी वादिता
परिवर्तन बेसब्र हुआ
निष्ठूर क्रूर बिदाई यह प्रिय
जाते - जाते मर्म छुआ ?

अधो पतन का चरम बिंदु
लगता चिर प्रतिक्षीत है
आभासित है यह परिवर्तन
अवमूल्यन से दिक्षित है ।

बांध सब्र का टूट गया

मैंने कोशिश की थी पकडूं
पर सब हाथ से छूट गया
उम्मीदों का छुटा दामन
बांध सब्र का टूट गया।

केवल अच्छे फल की आशा
पर सत्कर्म तिरस्कृत है
केवल व्यर्थ बात करता है
क्या वह कभी पुरस्कृत है।

चतुराई की उम्र बहुत कम
शीघ्र मृत्यु मुख जाता है
निज कर्मों पर आहें भरता
मित्र बहुत पछताता है।

जिसके मन मनुष्य के प्रति
आदर भाव नही होगा
अपने कुत्सित कुविचारों का
निश्चित फल भोगा।

कहते हैं कि बुरे सोच का
ठीक अंत नहि होता है
पछतावा हासिल आता है
अंत समय को रोता है ।

अंत समय के पछतावे से
मुक्ति बड़ी सरल है
अमिय पान करना है या
पीना तुम्हे गरल है ।

चलो साध लो मन को साधु
अच्छे भाव बिठाओ
शेष बचे जीवन के जो दिन
कुछ तो पुण्य कमाओ ।

परिणाम

आँख मूंद अनुमान लगाते
क्या होगा परिणाम
धन्य - धन्य धृतराष्ट्र तुम्हे
है कर बद्ध प्रणाम ।

कुछ भी कर पर सोच ले
कर्म प्रमुख आधार
शेष बिंदु पर ध्यान रहे
प्रभु का कर आभार ।

परिणामों के डंक दंश से
जो बच सका सुजान
क्षण भर मे मिट्टी मिला
चूर चूर अभिमान ।

फिर भी चेत नही चढ़ा
देख रहा दुःस्वप्न
कंकर पत्थर बांट रहा
खुद हथियाने रत्न ।

यहीं सोच दुख का कारण
कौन किसे समझाय
निज कर्मों के प्रति फल
पग पग ठोकर खाय ।

कितनी तीव्र गति से बदला
कुछ सालों इंसान
सुविधाएं हासिल करने को
त्याग धर्म ईमान ।

आदर्शों की अर्थी लेकर
चले जा रहे लोग
शेष नही कोई अनुचित साधन
जिसका नही प्रयोग ।

ठंड की ठिठुरन

उनसे पूछो क्या होता है
मौसम का बदलाव
प्रति पल जूझ रहे मृत्यु से
ले अंतस मे घाव ।

ग्रीष्म अगन बरसाता जाए
जलता तन का चाम
पलपल भूंज रहा तनमन को
निर्दय निष्ठूर घाम ।

पावस , प्रखर , पीर ले आया
बिगड़ा सकल स्वरूप
बूंद - बूंद प्रतिघात को आतुर
जगे रात भर भूप ।

देख रहे वे भरे नयन से
सपने होते खंड
ठिठुरन लेकर फिर चढ़ आया
शरद शीत का ठंड ।

दुनिया का दस्तूर अजब है
उससे बड़ी है खाई
बचपन यौवन क्या होता है
क्या होती तरुणाई ।

कभी उदर संघर्ष कराता
कभी वसन की आस
बदलो नियम और नितियां
बांटो कुछ उल्लास ।

सब के हिस्से मे छत आए
सबका उदर भरे
मौसम के इस परिवर्तन से
फिर नही कोई डरे ।

हमारा वतन

धरा का चमन है , हमारा वतन है ,
यहां मंद शीतल , बहे नित पवन है ,
मिटा लो अगर कोई , अंदर तपन है ,
सुनो स्वर्ण जैसा , रखो अपना मन है ।

लगा तन पे मिट्टी , इसी मे है मुक्ति
तुम्हें ज्ञात होगा , अपरिमित है शक्ति ,
बिना तर्क करना तू , माता की भक्ति,
समर्पण ही केवल , परम प्रेम युक्ति ।
सुनो सत्य पथ से , कटती जलन है,
धरा का चमन है , हमारा वतन है ।

हुआ ठीक तुमने , जो छोड़ा हला हल,
सहज ही मिलेंगे , कर्मों के प्रति फल,
कहां काम आया , किसी का कोई छल,
सहजता से नाता , निभाता चला चल।
जला अवगुंणो को , जो भीतर अगन है
धरा का चमन है , हमारा वतन है ।

फरियाद मेरी सुनो

चीख चीख कर थका बहुत मैं
अब तो संवाद सुनो
इस दुनिया के लोग बधिर सब
तुम तो फरियाद सुनो ।

तुमसे थोड़ी शेष है आशा
शायद पूरी हो जाए
अंतर मन की तीव्र विकलता
क्यों मजबूरी हो जाए ।

स्थितियों के करवट लेते ही
कोई सहाय कहां होता है
मिटे बेबसी और जलन मन
कोई उपाय कहां होता है ।

मधु मुस्काते सुख पाते हो
केवल निज हित सोच लिए
जो बेबस लाचार मिल गये
उनका सब कुछ नोच लिए ।

अंतर मन के बधिक बने तुम
इत्मीनान से रह पाते हो
और किसी की बात गौड़ है
खुद को कैसे समझाते हो ।

स्थितियों का यह परिवर्तन
क्या क्या रंग दिखाएगा
कहते हैं कर्मों के प्रति फल
इसी जन्म मिल जाएगा ।

फिर भी तुम भय मुक्त हो
चले पुरानी राहों पर
क्या अंतर मन नही पिघलता
अंतिम सांसों आहों पर ?

कौन किसको समझाए

खाली कुर्सी देख कर
गया सांप मन लोट
दिन काटे कटते नही
है गहरी यह चोट ।

सत्ता की आसक्ति सखा
बहुत करे बेचैन
कर जोरे चल पांव पांव
मधु झरते जस बैन ।

भोग कर्म फल सत्य है
नही झूठ के पांव
समय बदल लेता है करवट
उल्टे पड़ते दांव ।

कोई इससे अनजान नही
फिर भी छल का साथ
इतने दिन छलते हुए बीते
आज पुकारें नाथ ।

सुविधाओं का कंत हुए वे
विधि पर क्यों कोई प्रश्न
किसी तरह सत्ता तक जाएं
प्रतिदिन होते जश्न ।

विधि अनुचित चयनित किया
कहां लगे फिर पार
दुष्ट स्वयं मिलजुल करते अब
सज्जन का संहार ।

सज्जनता सिसकी भरे
दया धर्म मृत प्राय
सब विनाश पथ चल पड़े
कौन किसे समझाय ।

जीवन अब आसान कहां
मरा नेह अनुराग
चिता रचे निज हाथ से
और लगाए आग ।

अर्चना

दीन हीन मैं किस तरह
करूं अर्चना तात
तुमको छोड़ कहां करूं
अपने मन की बात ।

टूट गया विश्वास आस मै
जाऊं शरण कहां
भाग्य मेरे क्या लिखा गया
चल पोषण भरण जहां ।

पोषण उदर और तन ढकना
केवल ये दो काम
रसना को रस बहुत भा गया
भूल गया हरि नाम ।

विषयों की आसक्ति बहुत है
पतन मनुज का गेह
निज सुविधाएं बहुत भा रही
छूट गया सब नेह ।

अब भयभीत नही होता वह
दुस्साहस मे अग्र
सब कुछ हासिल करने को है
आज बहुत वह व्यग्र ।

जीवन दर्शन जो मनुष्य का
पाप अग्नि से भस्म हो गया
मूल्यों की आहुतियां चढ़ गया
केवल मौखिक रस्म रह गया ।

न्याय नेह हैं मृत्यु शयन मे
अर्थी तत्पर ले जाने को
राम नाम है सत्य सनातन
पाखंडी सब समझाने को ।

हर्ष विशाद समान लगे
समझूं जीवन मर्म
स्नेह भरे मन से सदा
निभता जाए धर्म ।

सुख समृद्धि - मान प्रसिद्धी

सुख समृद्धि मान प्रसिद्धी
किसके दास हुए
बहुत भरोसा करने वाले
बहुत उदास हुए ।

समृद्धि हासिल हो जाए
मान प्रसिद्धि हिस्से आए
कठिन नही संकल्प लिया तो
केवल धर्म धैर्य अपनाए
जो विस्मृत कर गये सहज पथ
उनके तो परिहास हुए
सुख समृद्धि मान प्रसिद्धि
किसके दास हुए ।

अनुचित पथ से मान प्रसिद्धी
देखा कहीं टिका है क्या
जो पदार्थ उपयोग हीन हों
अच्छे मोल बिका है क्या ?
सीख सलाहें अनुकरण किया
मुक्त सभी संत्रास हुए
सुख समृद्धि मान प्रसिद्धि
किसके दास हुए ?

बहुत हुए भटकाव छोड़ दो
भ्रम का माया जाल तोड़ दो
हम वह विद्या विधा जानते
मन के आगे सतत हारते
जिनने यह जाना समझा है
सृष्टि के कैलाश हुए
सुख समृद्धि मान प्रसिद्धि
किसके दास हुए ?

व्यवहार

सत्ता सोच कहां अनुचित है
अनुचित होता व्यवहार
बदनामी के दंष - दाग से
कहां बचे सरकार ।

जो मनुष्य गत अवगुंण से
मुक्त नही हो पाते हैं
बिना किसी उपक्रम के मित्रों
चले रसातल जाते हैं
इस व्याधि पर शोध हो चुका
कहां कोई उपचार
सत्ता सोच कहां अनुचित है
आनुचित होता व्यवहार ।

सब पवित्र होता है तत्क्षण
फिर अहंकार घर करता है
नाना विधि के षड़यंत्रों को
अंतर मन मे भरता है
सहज छीन लेती विकृतियां
सद्गगुण का आधार
सत्ता सोच कहां अनुचित है
अनुचित होता व्यवहार ।

लक्ष्य नयन उम्मीदें बांधे
ताक रहे टक टकी लगाए
दर दर भटके मजबूरी मे
चौखट चौखट माथ टिकाए
केवल शब्दों से कब होता
दुखों का संहार
सत्ता सोच कहां आनुचित है
आनुचित होता व्यवहार ।

जीवन- रेखा

जीवन रेखा निस दिन घिसती
छोटी होती जाती है
घटते घटते सूक्ष्म रूप पर
बहु पछताती है

पूर्ण रही जब जब यह रेखा
तब सच का भान नही था
सच कहना , अंतर ऊर मे
उत्कट अभिमान नही था ।

अभिमानी आँखों पर पट्टी
कहां सत्य के दर्शन होते
विषय भोग मे जीवन बीता
आगे जीवन बीते रोते ।

सीख सलाहें कब माना
जब समझाया नयन बंद थे
वहीं रचा जीवन भर उसने
जो उसकी इच्छा पसंद थे ।

यूं ही जीवन बीत गया तब
पीछे मुड़कर देख रहा
जीर्ण शीर्ण काया बाकी है
मस्तक गहरे रेख रहा ।

जाने क्यों ऐसा होता है
लोग सभी यूं ही जीते हैं
हाथ लगा वह अमिय त्याग
निज इच्छा से विष पीते हैं ।

समय का छद्म

समय के छद्म को कोई कहां
प्रिय , तोड़ पाया है ,
किया जिसने भी यह साहस
कहो , कुछ हाथ आया है ?

धरा के सूरमा सारे
दफन दो गज जमी मे हैं
कोई तपन सहता
कोई कब से नमी मे है
मिला वह खाक मे बंधु
जिसे मन दंभ आया है
समय के छद्म को कोई कहां
प्रिय , तोड़ पाया है ?

समय का मान जो रखता रहा
ध्रुव तारा बना नभ का
अपितु अवहेलना मे लिप्त था
वह मिट गया कब का
सदियों की धरोहर सीख थी
उसको भुलाया है
समय के छद्म को कोई कहां

प्रिय , तोड़ पाया है ,
किया जिसने भी यह साहस
कहो , कुछ हाथ आया है ?

जीवन का लक्षण

केवल सांस चले दिल धड़के
यह जीवन का लक्षण है
त्यागा जीवन मूल्य जिस समय
मरा आदमी तत्क्षण है ।

बार बार मानुष तन पाना
गुंणीजन कहें असंभव है
सभी मानते यह सृष्टि का
अद्भुत अनुपम उद्भव है ।

मान रखो दुर्लभ तन का
उच्च वचन मन कर्म
आदर्शों का परिपालन हो
सहज निभे निज धर्म ।

सारे संकट और दुखों का
स्वयं निवारण हो
मित्रों , जीवन मूल्यों का
स्वाभाविक संधारण हो ।

धरा धर्म ध्वज लहराएगा
पाप मुक्त जन मन
इन आदर्शों को गढ़ने वाले
तेरा अभिनंदन ।

प्रकृति का कण कण आनंदित
सतयुग स्थापन
पुष्प खिले और भ्रमर गान हो
लगे धरा मधुबन ।

शिखर

जो शिखर चढ़ा वह बिखर गया
जो रहा धरणि वह निखर गया
इस जीवन के सब अर्थ गूढ़
विपदा आमंत्रित करें मूढ़ ।

पथ सहज नही क्यों चुनता है
अपनों की भी कुछ सुनता है
क्यों प्रपँच सर धुनता है
ताने - बाने बहु बुनता है ?

कितने दिन बीते हंसा नही
अपनो के हिय मे बसा नही
विषयों का दास बना भटका
क्यों अपने मन को कसा नही ।

मत नीर बहा कुछ लाभ नही
यहां कर्म भोग आवश्यक है
जो किया धरा वही साथ चले
प्रिय तू ही निज का रक्षक है ।

सबके समक्ष है राह सुगम
फिर दुर्गम पथ पर क्यों जाना
सारे हिसाब जब देना है
तब अंतस से क्यों अकुलाना ।

देखो सम्हलो प्रिय गिरो नही
जीवन आनंद हृदय भर लो
जिन चरण कमल की सृष्टि है
उन चरणों में मस्तक धर लो ।

मन

मन पूरब पश्चिम डोल रहा
अपनी भाषा मे बोल रहा
हमको सचेत रहना होगा
वह अपनी गांठे खोल रहा ।

जो हम मन के अनुकूल हुए
तब उसको कौन सम्हालेगा
अपनी इच्छा अनुरूप सहज
अपने लक्ष्यों को पा लेगा ।

फिर भेद कहां क्या सही गलत
फिर खेद कहां विषयों मे रत
इक बार गिरे गिरते ही गए
और सहज हुए मन से सहमत ।

यह काया माया बहुत प्रबल
पग पग पर करता जाता छल
आकंठ फंसे फिर ढूंढ़ रहे
निज गढ़े समस्या का कुछ हल ।

अच्छा होता मन बस होता
हृदय व्यर्थ मे क्यों रोता
यह तन मानुष अनमोल मिला
चल राम राम रट रे तोता ।

काया का कंत

जिस काया का कंत बना
बदला प्रिय इमान धरम
अधिक समय नही लगता
मिटने वाले हैं शीघ्र भरम ।

भरम मिटे तब नयन खुले
पर अब वह बात कहां है
मानव मन की दुरुह चेष्टा
अक्सर होते प्रकट यहां है ।

ग्लानि युक्त जीवन जीता है
सच्चाई से निवृत होकर
कभी अधिक गंभीर अलौकिक
कभी भूमिका मे वह जोकर।

अपनी चंचल चपल वृत्ति पर
कहां नियंत्रण रख पाता है
बहु विषाद आमंत्रित करता
पग पग पर ठोकर खाता है ।

जो कुछ घटता निज कर्मों का
वह प्रतिफल है
कर्म फलों का भोग मिलेगा
सच मानो यह बात अटल है ।

सारे क्लेश कलह मिट जाते
पावन कर्मों से
कभी अलग नही होना तुम
प्रिय , निज धर्मों से ।

नववर्ष तुम्हारा स्वागत है

आए कुछ दिन ही हुआ अभी
क्यों जाने को चिंतित हो
जाना भी प्रिय हंसते - हंसते
नही अश्रु नयन से सिंचित हो ।

पीछे मुड़कर मत देख अभी
आने दे चल अभ्यागत को
क्या हो पाया क्या नही हुआ
सुन भूल ,चलें हम स्वागत को ।

मन आस धरें विश्वास धरें
जो कुछ भी आए अच्छा हो
झूठों का छद्म छला जाए
मन सबका केवल सच्चा हो ।

हर उदर अन्न परिपूरित हो
तन की लज्जा मे भेद न हो
जीवन मे शांति समन्वय हो
मस्तक पर कोई स्वेद न हो ।

कोई जाएगा कोई आएगा
स्थितियां पर संतुलित रहे
नव वर्ष तुम्हारा स्वागत है
आसुरी शक्तियां दमित रहे ।

सब स्वस्थ रहें सब पोषित हों
परिवार धरा यह घोषित हो
सद्भाव सहज स्थापित होवे
शब्द विलोपित शोषित हो ।

नये वर्ष का शुभ्र आगमन

तुम जाते हो तो , जाओ
दुख दरिद्रता लेकर
तुम आते हो तो , आओ
सुख प्रसन्नता लेकर ।

सीधा सादा जन मानस
जिवित रहा विश्वास धरा
अपने सीधे पन के कारण
एक नही कयी बार मरा ।

इस परिवर्तन से कुछ
आशा का संचार हुआ है
उसका भी मन हिस्सेदारी
को तैयार हुआ है ।

इस परिवर्तन से हमको कुछ
आशाओं के बिंब दिखे हैं
हमने भी कुछ परिवर्तन पर
उम्मीदों के गीत लिखे हैं ।

इस जीवन मे हमने पहले
कहां बहुत कुछ चाहा है
अनुभूति की इच्छाओं की
जाने कब से स्वाहा है ।

लेकिन बहुत जरुरी चीजों
की इच्छा भी अनुचित है
उदर वसन के संघर्षों से
मानुष जन मन कुंठित है ।

संघर्षों को कम तर करना
हृदय वेदना मुक्त रहे
नये वर्ष का शुभ्र आगमन
हंसी खुशी से युक्त रहे ।

मन - द्वेष

प्रतिपल प्रतिपग ठोकर खाया
चौखट - चौखट माथ नवाया
कितना खोया कितना पाया
खण्ड- खण्ड सपनों का साया ।

फिर भी नयन कहां खुलने थे
पिछले पाप कहां धुलने थे
सांसों मे विष ही घलने थे
पाप तुला मे क्यों तुलने थे ।

कुछ मुस्काते शेष उदासी
उनका जीवन शुद्ध प्रवासी
विपदाएं हैं अच्छी खासी
केवल मंगल - मंगल राशि ।

सुख का यहां प्रवेश नही है
अपने हिस्से। अवशेष नही है
पथ , कोई भी शेष नही है
सच मानो , मन द्वेष नही है ।

परिवर्तन

आई पर वह टिक नही पाई
धीरे धीरे रात ढली है
मैं कहता था तुम नही माने
परिवर्तन की हवा चली है ।

अंधियारा कितना गहरा है
चिंता जैसी बात नही है
किरणों को वह रोक सकेगा
उसकी यह औकात नही है ।

फिर चिंता क्या और भय कैसा
क्यों दुबके हो निकलो बाहर
चल प्रवृत्त संसार समर मे
तू शक्ति स्रोत है तू है नाहर ।

समुचित कर उपयोग शक्ति का
तेरी विजय सुनिश्चित है
देख रहा हूं कदम कदम पर
जाने क्यों तू विचलित है ।

इस जग की है रीत अनूठी
बिना लड़े उपलब्धि शून्य है
यूं ही पड़ा रहा जब कोई
उसकी पीड़ा फिर अतुल्य है।

पूरब से सूरज की किरणें
असिमीत उर्जा लेकर आई
दिव्य प्रकृति जाग उठी है
कण कण लेती है अंगड़ाई ।

यही वक्त है संकल्पित हो
उपलब्धि का द्वार खुला है
सब मिलने को उत्सुक तुमसे
यह सुंदर संसार खुला है ।

बहरों की महफिल

किसकी बात कहां तक पहुंची
यह अंदाजा मुश्किल है
फर्क कहां चीखो - चिल्लाओ
यह बहरों की महफिल है ।

घटनाओं पर नयन बंद रख
शून्य हृदय , संवेदन कैसा
सही गलत का अंतर सिमटा
मित्र लक्ष्य का भेदन कैसा ।

है स्थितियों का परिवर्तन या
मनुष्य मन का परिवर्तन
सद्गुण शीत शयन सुख मे है
अवगुंण नग्न कर रहा नर्तन ।

अजब अनूठे रण मे बदला
अनचाहे ही जब जन जीवन
व्यग्र हो रहा साधु - संगत
टूट -टूट सदियों के बंधन ।

सत्य असत्य भेद है मुश्किल
धर्म अधर्म कुटिल कंधों पर
किस पथ जाना भार पूर्णतः
टिका हुआ है अब अंधों पर ।

आँखें सब कुछ देख रहे हों
वाणी , मृत मौन रहे
फिर भी मनुष्य प्रतिक्रिया हीन
सब कुछ सहज सहे ।

यह मनुष्य का चरम पतन है
इससे आगे मत सोंचो
बढ़े हुए नाखून तीव्र - तर
अपने बाल स्वयं नोचो ।

मुक्ति मोक्ष का यंत्र

पावन पूजित धरा ,
जरा से ग्रस्त हो रही
फिर भी चेत कहां
मन मानव के है ।

ममता माया है मरी
डरी पस्त हो रही
सुचिता शुभ्र कहां है
कर्म दानव के हैं ।

पीड़ा पूत कहां सुने
कसके अंतस घाव
दवा सभी निष्फल हुए
बदला सरल स्वभाव ।

विकृत मन आनंद से
उपजा मोह मद मूढ़
सदियों की पोषित परिपाटी
कहे गए जब रुढ़ ।

केवल भोग विलास ही
बढ़े लालसा देह
कैसे कौन बचा सके
अंतर मन का नेह ।

परिवर्तन विस्मृत हुआ
कठिन बहुत उपचार
बुरी शक्तियां सबल हुई
करती कुटिल प्रहार ।

देखो वापस लौट कर
बदलो बुद्धि विचार
बाट जोहता है विकल
पिड़ित दुखी संसार ।

केवल सद्गुण सत्य ही
मुक्ति मोक्ष का यंत्र
सतत संतुलित ही रहे
ऐसा साधो मंत्र ।

समर्पण

अंजुली भर भर उर्जा बांटे
प्रकृति पुष्ट करे
अंधियारे के साथ चले जो
खुद की मौत मरे ।

यह तुम पर है चुनो जिसे
गहन कालिमा धूप
प्रतिफल मिलना अटल है
सखा उसी अनुरूप ।

सहज सुलभ मिल जाय जो
लेकर कर आभार
उस बहु - मूल्य धरोहर की
सतत ऋणी संसार ।

अंतर दृष्टि भाव स्नेह का
कलुष कपट मिट जाय
अनुनय विनय समाहित हो
प्रेम प्रीत मन भाय ।

सब मनुष्य गुंण- धर्म मे
सदा रहें निष्णात
सच मानो इस रीत नीत मे
नही घात प्रतिघात ।

सारे पथिक अजेय अमर हैं
अद्भुत अतुल समर्पण
इनसे नित्य प्रभावित पावन
रख जीवन को दर्पण ।

माँ

बहुत सूक्ष्म है , शब्द
अर्थ उतना ही भारी है
माँ , तेरे चरण समक्ष
तुच्छ यह दुनिया सारी है ।

तू ही सूरज चाँद चाँदनी
तू ही धरणि - धरोहर है
तू स्वर्ण रजत माणिक मोती
माँ , तू ही दुर्लभ मोहर है ।

स्नेह मयी गंगा - जमुना
दया धर्म का सागर है
ममता माया का अतुल स्त्रोत
तू सत सेवा का गागर है ।

तू सुख दुख की प्रतिमूर्ति है
तू संबंधों की सरिता है
तू कुरुक्षेत्र की गीता भी
तू राम - चरित की सीता है ।

तेरी आँचल की छांव घनी
दुनिया की दुर्लभ छाया है
मायावी इस जगत जीव मे
तू सबसे अद्भुत माया है।

माँ, तुम बिन जीवन अर्थ हीन
तुम हो तो जीवन - जीवन है
तू है मनुहार - मनोहर सी
माँ ,तुझसे जीवन मधुबन है ।

जिसने माँ की ममता खो दी
वह सबसे बड़ा अभागा है
वह क्षम्य नही जन्मों -जन्मों
जिसने माँ को त्यागा है ।

माँ के चरण पूज सुधरेंगे
लोक और परलोक
जो श्रद्धा का वृक्ष लगाया
मुक्त निरंतर शोक ।

मुक्ति कहा है

सब कुछ हारा मैं बेचारा
आस लिए जीवन की
जाने कब चढ़ गया बुढापा
क्षण क्षण सोच गमन की ।

साध कल्पना धरे रह गए
शेष बची तो आहें
तन उर्जा से रिक्त हो गया
बंद हुई सब राहें ।

नयन अश्रु से रिक्त हो गये
पथराए पथराए
मन मुख बतियाने को आतुर
पर किससे बतियाए।

वक्त क्रूर निष्ठूर लगता है
उसकी गति अविरल है
आजीवन जो अमिय बांटता
उसके लिए गरल है ।

दुष्ट नियति का ताना बाना
अपना जाल बिछाए
फंसा हुआ विहग इससे फिर
कैसे पँख बचाए ।

जितना जोर लगाता है वह
उतना फंसता जाता है
गया वक्त स्मरण आ रहा
केवल केवल पछताता है ।

ढूंढ रहा है बाहर भीतर
लेकिन युक्ति कहां है
पिछली त्रुटियां याद कर रहा
लेकिन मुक्ति कहां है ?

मौन मुख

आँखें सब कुछ देखती
पर मुख साधे मौन
बिगड़ रहे इस वक्त को
मित्र सम्हाले कौन ।

सीधा - सादा आदमी
ढूंढ़ रहा उत्कर्ष
नित तलाशता फिर रहा
नये - नये संघर्ष ।

धीरे - धीरे बदल रहा
अपना मूल स्वभाव
उसको भी भाने लगा
बड़े - बड़े ही दांव ।

सहज सरल जीवन लगे
जाने क्यों रस हीन
अब तो सरल मनुष्य को
लखें लोग बहु दीन ।

परिभाषाएं बदल रही हैं
संकट ग्रस्त समाज
नम्र - मधुर वाणी लगे
दबी हुई आवाज ।

यह परिवर्तन ला रहा
कल का कुटिल स्वरूप
कांप रहा तन ठंड से
नहीं निकला कहीं धूप ।

रोक सको तो रोक लो
यह परिवर्तन मित्र
पछताना मुश्किल पड़े
बदले अगर चरित्र ।

निज हाथों के परिवर्तन का
मंहगा होगा दाम
अंत काल मुख आसरा
केवल सीता राम ।

सवाल

सवाल शून्य होते ही
समस्या बढ़ गई इतनी
उफनती सी नदी बनकर
धरा पर चढ़ गई कितनी ।

जो साहस हो सवालों का
तो उत्तर मिल ही जाते हैं
जिन्हें साहस नही है प्रश्न का
कीट से बिलबिलाते हैं ।

साजिश है कि प्रश्नों को
दफन दो पूछ मत पाएं
बिना पूछे ही प्रश्नों को
कफन क्यों रास आ जाए ।

खड़ी है आदमी की जिंदगी
सतत प्रश्नों के घेरे मे
नयन से नीर झर - झरते
हृदय के घन अंधेरे मे ।

बड़ा बदलाव दिखता है
उत्तर और प्रश्नों मे
उदर,उदर दुखता क्षुधा से
कुछ तल्लीन जश्नों मे ।

रखो बदलाव की आशा तो
प्राण प्रश्नों को देना है
जो साधे मौन बैठे हैं
उत्तर , उनसे ही लेना है ।

सवालों और जवाबों से
परिवर्तन प्रभावित है
इनके अभावों की वजह से
न्याय बाधित है ।

न्याय की करते प्रतीक्षा लोग
कब से त्रस्त हैं बंधु
सच कह रहा हूं मान लेना
प्रश्न ही , शस्त्र है बंधु ।

सत्ता का खेल

नित नूतन उद्धघोषणा
है सत्ता का खेल
बिना परीक्षा हो रही
जनता सारी फेल ।

किसी तरह सत्ता मिले
एक मेव है भाव
राजनिति मे चल रहे
नये नये नित दांव ।

कहीं मद्य खुल कर बिके
कहीं लगे प्रतिबंध
राष्ट्र - पिता के राष्ट्र मे
जै हो अर्थ प्रबंध ।

जो कृतघ्नता बढ़ गई
बढ़ गया पाप प्रचंड
सत्ता शीर्ष लुटे - छले
उनको कैसा दंड ।

सेवा से संलग्न नही हैं
कहां दया का अंश
भेष धरे श्री कृष्ण का
मन से केवल कंस ।

बात - बात मे झूठ हृदय
कपट कुंडली मारे
छद्म - छलावे मे फंसते हैं
वंचित दरिद्र बेचारे ।

झूठ- सत्य सर चढ़ गया
बुद्धीवाद का दंभ
अंत बहुत है दूर अभी
यह केवल आरंभ ।

तितली

तितली पुष्प पराग ले
बांटे जीवन रंग
मादकता अद्भुत भरा
अनुपम जीवन ढंग ।

सदियों से जो चल रहा
अक्ष्क्षुण जीवन रीत
पर मनुष्य नित नित बदले
क्यों कर अपनी नीत ।

संबंधों के अर्स पर
पनपा जीवन कल्प
निष्ठा निति वहीं सखा
भेद नही है अल्प ।

किंचित भी भटकाव नही
नहि मन एको द्रोह
कर्म प्रवृत्त जब तक जिया
क्षण मे त्यागा मोह ।

हृदय सहज धारण करो
प्रकृति का संदेश
मित्र सुनो मिट जाएंगे
अंतर मन के क्लेश ।

मन - प्रीत

नही थोड़ी सी भी कटुता दी
सब पितृ पुरुष न प्रभुता दी
माता ने अच्छुण ममता दी
संघर्षों की सक्षमता दी ।

पथ का पत्थर था पड़ा हुआ
उनके उपकारों बड़ा हुआ
फिर अपने पग पर खड़ा हुआ
खूब पका तब घड़ा हुआ ।

नही उऋण कभी होना मुझको
तेरे आंचल मे सोना मुझको
क्यों पाप पड़े धोना मुझको
सुन , स्वर्ण बीज बोना मुझको ।

संघर्ष सुप्त मन प्रीत बढ़े
जागे मनुष्यता जीत बढ़े
दुख जाए सुख के गीत बढ़े
सब हृदय स्वच्छ जग मीत बढ़े ।

उमंग

उर उमंग लेकर चले
जब मन होते राम ,
प्रभु सेवकाई मे रखो
मम मन आठो याम ।

हर्ष विषाद समान लगे
समझूं जीवन मर्म ,
स्नेह भरे मन मे सदा
निभता जाए धर्म ।

और नही कुछ चाहिए
केवल सद्गति आस ,
इतनी कृपा बनाए रख
अटल रहे विश्वास ।

मै तो चाकर हूं तेरा
मति मेरी है मंद ,
इस जग का कल्याण करो
नटवर आनंद कंद ।

पाप शमित हो पुण्य फले
महके आंगन फूल ,
मन मनुष्य का हो सदा
सत कर्मो अनुकूल ।

भाव

निश्छल निस्पृह भाव का
कहां कोई है मोल
संचय से सुख की अभिलाषा
मित्र नयन अब खोल।

सुख तो केवल भाव है
जो मन सहज समाय
यही सहजता ही मनुष्य को
अपना कंत बनाय ।

सुख आमंत्रित कर तभी
हो पवित्र घर बार
जो पवित्रता घट गई
टिके नही दिन चार ।

सुख आए तो बांट लो
स्वजन सखा के संग
कहें निखर कर आएगा
मित्रों सुख का रंग ।

भाव कभी बदले नही
रखना इच्छा साध
जो नही साध सके सखा
बहुत बड़ा अपराध ।

क्षण नही लागे इस तरह
सुख को जाते बंधु
सुख भी सुख से रह सके
सब सुख पाते बंधु ।

आरंभ

खण्ड खण्ड विश्वास हो
कदम कदम पर घात
कुटिल मुस्कुराहट चेहरे पर
चिकनी चुपड़ी बात ।

गिरगिट चिंतित नित दिखे
लख मनुष्य के रंग
तन पर वसन सलीके का
भीतर नंग धडंग ।

कितना - कितना कौन गिरा
कहां आकलन मित्र
पतन - पतित उत्थान की
घटना अजब विचित्र ।

कपट कुटिलता गह लिया
बिन समझे ही मर्म
सीना ताने वह अग्रसर
किंचित भी नही शर्म ।

हृदय कलुष परिपूर्ण रहा
मंदिर मस्जिद घूम
मद्य और मद चढ़ गया
पांव पड़े नही भूम ।

क्या लेकर जाना सखा
किन बातों का दंभ
भगति भाव चल हिय बसा
कर जीवन आरंभ ।

त्रिशंकु

उड़ते हुए जमी पर आना
मित्रों भूल गए
बन त्रिशंकु निज कर्म धर्म
खुद ही झूल गए।

अभिलाषाएं बढ़ी बहुत ही
इच्छाएं अनुपम
सब कुछ हासिल कर पाएंगे
पाला पोसा भ्रम।

धीरे - धीरे फन काढ़ता
अंतर मन का नाग
जो उसने प्रिय डस लिया
जाना पड़े प्रयाग ।

भ्रम का जहर चढ़ा सखा
उसको शीघ्र उतार
यह सब कर तत्काल तू
मत भर मन अंगार ।

जो जमीन पर आ गया
निपटा सकल प्रपंच
हृदय आस्था मय हुआ
कष्ट नही फिर रंच ।

रह जमीन टिक कर सदा
ले जीवन आनंद
जिसने यह तन है दिया
उसके प्रति पाबंद ।

नयन उनींदे

नयन उनींदे लग रहे
सपने कब से ठग रहे
जाने किन अंखियन रमे
प्रिय कोई बतलाए हमें ।

सत्य निष्ट अब कौन है
न्याय करे वह मौन है
कहां व्यवस्था ठीक हो
सोच समझ बारीक हो ।

खाई बढ़ती जा रही
जीवन कितने खा रही
चिंतित चिंता है सखा
ईन बातों मे क्या रखा?

दुनिया दारी छोड़ कर
बंधन मन के तोड़कर
निज हित पर रख ध्यान
बांट अधिक मत ज्ञान ।

ज्ञान प्रगति का राह रख
अपनी उन्नति चाह रख
कोई मरे या फिर जिए
तुम शीर्ष चढ़ो सब हाषिए ।

यही प्रगति का रुप है
बल शाली ही भूप है
आदर्शों की बली चढ़ा
अपनी क्षमता और बढ़ा ।

पर दुख , दे मत प्राण
निज का कर कल्याण
स्नेह भाव मन व्याधि है
जो खुद का , अपराधी है ।

यही सूत्र अपना रहे
पर दुख मे सुख पा रहे
कहें समय की मांग है
राईट वे सब रांग हैं ।

राष्ट्र बड़ा है

मन मनुष्य का बदल रहा है
घर का चौखट दहल रहा है
इच्छाओं का दखल रहा है
मूल्य नही आवाज की
अब चिंता किसे समाज की ।

समुदायों का विघटन दिखता
अनुचित अब नही कहीं ठिठकता
अपराधी मन नही झिझकता
सबको इच्छा ताज की
अब चिंता किसे समाज की ।

सत्ता का संतुलन खो गया
शासक अंकुश मुक्त हो गया
सदाचार अभियुक्त हो गया
यहीं कथा है आज की
अब चिंता किसे समाज की ।

व्यक्ति राष्ट्र से बड़ा हो रहा
वह बेशर्मी से खड़ा हो रहा
कहीं कुनबा कहीं धड़ा हो रहा
नयन अश्रु से चरण धुले महराज की ।
अब चिंता किसे समाज की ।

www.ingramcontent.com/pod-product-compliance
Lightning Source LLC
LaVergne TN
LVHW100256051026
849517LV00006B/2109